P

DUMONT
DIREKT

Cuba

Dirk Krüger

Inhalt

Das Beste zu Beginn

Cuba auf die Schnelle?
In knapp zwei Wochen könnte es von Havanna über Las Terrazas nach Viñales gehen (dort ggf. Tagesausflüge zu den Stränden). Zum Abschluss locken Matanzas mit seiner reizvollen Umgebung oder die tollen Städte Cienfuegos und Trinidad.

Willkommen im Vehikel-Wunderland
Ganz vorne auf der Skurrilitäts-Skala finden sich eiförmige Cocotaxis. Die Langsamkeit lässt sich in unzähligen Pferdekutschen oder Fahrradtaxis wiederentdecken. Stilvoll erfahren Sie Cuba auf einer Tour im chromblitzenden Buick oder Chevy, authentischer und günstiger in den klapprigen Oldtimer-Sammeltaxis.

Hier spielt die Musik!
Aus unzähligen guten Clubs stechen das Kulturzentrum FAC und die bunte Rumbagasse Callejón de Hamel (beide Havanna), Santa Claras alternativer Club Mejunje, Trinidads Höhlendisco Ayala und Santiagos Casa de la Trova heraus. Auch in Cienfuegos und Holguín pulsiert das Nachtleben und auf Festivals geht fast rund um die Uhr die Post ab.

Kein Strand wie der andere
Strandurlaub nur All-inclusive? Das war einmal. In Resort-Hochburgen (Varadero, Santa Lucia, Guardalavaca) vermieten nun auch Pensionen – die Cayos im Norden ausgenommen (dorthin bieten Sammeltaxis Tagesausflüge). Beschaulicher geht's in Playas del Este, Playa Jibacoa und Playa Maguana zu. Und ist mal kein Meer in Sicht: gegen Gebühr stehen Nicht-Gästen viele Hotelpools offen.

Und doch, es ist wahr …
Ein New Yorker Kongress, Mitte der 40er-Jahre: Ein Cubaner präsentiert sein Gemälde und erntet ungläubiges Kopfschütteln, als er meint, dies sei kein surrealistisches Werk, sondern eine reale, von ihm auf Leinwand gebannte Landschaft. Auch heute mag man beim Blick auf die zauberhafte Kegelkarst-Szenerie des Viñales-Tals seinen Augen kaum trauen!

Kreativ speisen und shoppen
Cubanische Küche ist fad? Überzeugen Sie sich in *paladares* vom Gegenteil. In diesen Privatrestaurants ist nicht nur die Küche kreativ, sondern oft auch die Deko. Kein Wunder, werkeln in Cuba doch erstaunlich viele Künstler – vor allem in Havanna, Las Terrazas, Trinidad, Camagüey, Santiago de Cuba und Baracoa findet jeder sein ganz individuelles Souvenir.

Was Cubaner bewegt
Die Odysseen des Alltags: Bürokratie, Stromausfälle, überfüllte Busse, der Mangel und das Schlangestehen, hohe Preise bei viel zu niedrigen Löhnen und und und. Trotz des guten Sozialsystems ist das nur mit einer Mischung aus Klagekultur und Zweckoptimismus, dichtem Beziehungsnetz und lässigem Zeitgefühl zu bewältigen. Und zum Glück steigt immer irgendwo ein rauschendes Fest …

Ich schätze …
… Aussichtspunkte wie die Bar La Torre in Havanna oder die Dachterrassen des Palacio del Valle in Cienfuegos und des Hotels Casa Granda in Santiago de Cuba. Auch das bunte Treiben auf den hübschen Zentralplätzen entschleunigt im Nu – wie das ganze Land mit seiner rekordverdächtigen Schaukelstuhl-Dichte.

›Uno dos tres‹ …
Wow! Schon all den Hüften schwingenden Pirouettenkünstlern zuzusehen, ist ein Genuss. Nehmen Sie noch schnell einen kräftigen Schluck – und dann ab aufs Parkett des Rausches. Natürlich nicht, ohne sich vorher im Tanzkurs den grobmotorischen Holzfäller austreiben zu lassen …

Am Reisen reizt mich das Andere, das Ungewöhnliche: Das finde ich im fremdartigen Viñales-Tal. Bei Begegnungen mit Menschen und ihren Geschichten. Oder beim Eintauchen in die allgegenwärtige Musik – obwohl mir ein ›cubanisches Hüftgelenk‹ fehlt.

Fragen? Erfahrungen? Ideen?
Ich freue mich auf Post.

 *Mein Postfach bei DuMont:*
krueger@dumontreise.de

Das ist Cuba

Cuba ist anders. Voller intensiver Impressionen. Neben Strandhungrigen fühlen sich hier in über 200 Naturreservaten auch Taucher, Radler und Wanderer wohl. Historische Zeugnisse warten auf Geschichtsinteressierte, und eine nicht nur musikalisch hoch entwickelte Kunstszene weiß aufzufallen. Und dann sind da noch die tollen Begegnungen mit den oft freundlichen, selbstbewussten und solidarischen Menschen. Entdecken Sie in dieser Vielfalt Ihr ganz persönliches Highlight!

Insel im Wandel?

2017 in Havanna: In kleinen WLAN-Zonen leuchten Smartphones, Jugendliche tragen modernen Lifestyle zur Schau. In Tanzschulen glühen die Sohlen, vor Privatrestaurants stehen Gäste Schlange, und Vermieter bauen Zimmer an, weil sie sich vor Anfragen kaum retten können. Wer kann, motzt seinen Oldtimer zum Touristentaxi auf. Es bewegt sich was in Cuba! Der Tourismusboom und die Annäherung an die USA brachten Devisen, aber auch neue Ungleichheiten. Und doch sind diese Modernisierungsschübe nur Inseln in einem Ozean geronnener Zeit. Nirgendwo stören Neonreklamen oder leblose futuristische Bürotürme den Blick. Vielmehr erinnern revolutionäre Botschaften daran, dass man sich in einer anderen Welt befindet. Ein pulsierendes Straßenleben und eine Flut an historischen Bauten, darunter spektakuläre Anti-Piraten-Festungen, betören in Havanna und Santiago de Cuba. Revolutionspilger zieht es in die Che-Guevara-Stadt Santa Clara. Elegant präsentiert sich Cienfuegos mit Cubas längster Allee, gesäumt von neoklassizistischen Prachtbauten. In Camagüey verstecken sich in Cubas größter Altstadt viele Zeugnisse der Kolonialzeit. Das Unesco-Welterbe und ›Freiluftmuseum‹ Trinidad erinnert mit den prunkvollen Palästen der Zuckerbarone noch an die Ära des ›Weißen Goldes‹, ebenso wie das Tal der Zuckermühlen. Doch nirgendwo geht die Zeitreise weiter zurück als in Banes (bedeutendstes Museum präkolumbischer Artefakte) und Chorro de Maita (größter indianischer Friedhof der Karibik).

So lebt es sich cubanisch

»Dieses Land überrascht einen immer wieder. Es passieren sehr seltsame Dinge«, heißt es bei Romancier Miguel Barnet. Wie wahr! Wo sonst huldigen Ochsengespanne und chinesische Drahtesel auf einer eigenen Autobahnspur der Langsamkeit? In welchem Land schnaufen so viele Ladas, Moskwitschs und US-Oldtimer über den Asphalt? Die besten Mechaniker der Welt halten sie am Laufen und flicken mangels Material auch mal einen Reifen mit Kondomen. Improvisationstalent ist immer und überall gefragt und auch vorhanden. So bei dem gut vernetzten *compañero,* der auf dem Schwarzmarkt Sachen auftreibt, die es eigentlich gar nicht gibt. Dem Pizzabäcker auf dem Dach, der die lecker belegten Scheiben per Seil im Eimer herunterlässt. Oder der Familie, die ihr gemästetes Schwein stolz Gassi führt. Zeit für ein Päuschen ist immer: Schnell wandert ein Tisch mit Dominosteinen auf die Straße. In Schaukelstühlen wippend, hält man ein Schwätzchen oder schmachtet mit bei der *novela.* Denn ein Leben ohne intensive Gefühle und viele Freunde ist undenkbar.

Cubas Straßen sind voller interessanter, lebendiger und ungewöhnlicher Motive. Lassen Sie sich einfach mal treiben …

Rum für die Ohren

Cuba ist vor allem Musik und Tanz – ein Lebenselixier für die Inselbewohner. Die in der Luft liegenden Rhythmen inspirier(t)en vor allem in Havanna und Santiago de Cuba viele Musiker, die Stile wie Rumba, Mambo, Cha-Cha-Cha, Salsa, Trova, Latin Jazz und Son erblühen ließen, ehe sie ihren Siegeszug in den Tanztempeln der Welt feierten. Der Ethnologe Fernando Ortiz schwärmte angesichts dieses tonalen Reichtums von »klingendem Rum, den man mit den Ohren trinkt«. Und die Künstler bringen immer neue Facetten hervor: Fusion-Bands kreieren aus traditionellen Elementen, Funk, Soul und Rap neue Sounds. Reggaeton-Combos versetzen mit treibenden Beats die Jugend in Ekstase. Und auch Viervierteltakte, von leiseren Nueva-Trova-Akkorden über Hits von den Beatles bis hin zu Metal-Riffs, erklingen immer häufiger.

Grüne Perlen im Hinterland

»Der Gebirgsbach lockt mich mehr als das Meer«, heißt es im weltbekannten Lied »Guantanamera«. Der Text stammt aus der Feder des fast ebenso berühmten Dichters José Martí. Wenn das keinen näheren Blick ins Hinterland der sandigen Traumflecken wert ist! Tatsächlich verbergen sich hier Schätze, darunter drei waldreiche Höhenzüge mit märchenhaften Wasserfällen und Naturpools. Die schönsten *cascadas* stürzen in der zentralen Sierra del Escambray rund um das Wanderzentrum Topes de Collantes und den Bergsee Lago Hanabanilla in die Tiefe. Im Westen locken das Viñales-Tal mit bizarren Kegelfelsen und das malerische Ökodorf Las Terrazas. Im Osten lädt die höchste Bergkette Sierra Maestra zu Trecks auf den Spuren der Guerilleros ein. Doch am urwüchsigsten zeigt sich Mutter Natur rund um Baracoa mit dem Humboldt-Nationalpark, auch »Galapagos der Karibik« genannt.

Cuba in Zahlen

1
einziges Land auf der Welt ist laut WWF nachhaltig: Cuba.

4,5
Stunden lang sprach Fidel Castro 1960 vor der UNO – ein Rekord.

90
Meter lang ist die längste Zigarre der Welt – zu bewundern in Havannas Festung La Cabaña.

20
Jahre nach John Lennons Tod erklärte Castro ihn zum Idol. Sechs Beatles-Clubs zollen den Pilzköpfen Respekt.

21
Jahre lebte Hemingway in Havanna, mit zwei Ehefrauen (nacheinander, nicht gleichzeitig), vier Hunden und 57 Katzen.

28
Prozent der weltweiten Palmenarten wachsen auf Cuba, darunter der Nationalbaum Königspalme.

99,8
Prozent der Cubaner können lesen und schreiben. Bei US-Bürgern sind es gerade mal 86 Prozent.

180
Kilometer sind es nach Florida, wo über eine Million Exilcubaner leben.

370
Vogelarten schwirren durch die Lüfte, darunter der Hummelkolibri, mit sieben Zentimetern der kleinste Vogel der Welt.

600
geplante Attentate überlebte Fidel Castro.

1200

cubanische Zigarren ließ sich Kennedy noch besorgen, bevor er 1962 die Handelsblockade unterzeichnete.

1250

Kilometer lang ist die größte Karibikinsel, aber nur 30 bis 190 Kilometer breit.

1974

Meter ragt der Pico Turquino empor. Den Kaimangraben (über 7000 Meter tief) mitgezählt, toppt er sogar den Mount Everest.

23 000

Silbermünzen wurden für Camagüeys Reliquie, den Sarg Santo Sepulcro, eingeschmolzen.

50 000

cubanische Ärzte helfen in Entwicklungsländern rund um den Globus.

60 000

Oldtimer schnaufen noch durch Cubas Straßen.

11 400 000

Menschen leben in Cuba, davon fast jeder fünfte in Havanna.

117 000 000 000

US$ an Zusatzkosten soll die Handelsblockade seit 1962 verursacht haben.

So schmeckt Cuba

Die cubanisch-kreolische Küche ist ein Produkt der ethnischen Vielfalt der Insel: Die Spanier hatten Bohnen, Tomaten, Zwiebeln, Knoblauch im Gepäck, afrikanische Sklaven steuerten Knollenfrüchte bei, chinesische Kulis Reis. All dies prägt die Küche bis heute, wurde aber lange nicht weiter verfeinert, denn im Sozialismus galt es primär, alle satt zu bekommen. Bei zu geringer Produktivität herrschte zudem ein chronischer Mangel an Zutaten. Erst private Bauernmärkte und Restaurants leiteten eine kleine kulinarische Revolution ein.

Das richtige Restaurant finden

Cubaner gehen gerne im großen Kreis essen, können sich aber oft nur die günstigen Lokale (Pesorestaurants, rund 1 CUC) leisten, wo Auswahl und Qualität sehr begrenzt sind. Touristen speisen meist in staatlichen oder privaten Devisenrestaurants (5 bis 15 CUC), wobei erstere zwar oft mit kolonialem Ambiente und Livemusik locken, mit ihrer Küche aber nur selten überzeugen. Doch keine Sorge: Die private Variante (*paladares*) sorgt für Cubas kulinarische Ehrenrettung und zaubert in zahlreichen Schlemmeroasen (reservieren) riesige *und* leckere Portionen auf die Teller. Einige tischen auch asiatische, italienische, spanische, französische oder mexikanische Küche auf.

Für zwischendurch

Authentischer geht's nicht! An Straßenständen gibt es sehr günstig Pizza und belegte Brötchen, *cajitas*

V VEGETA-RIER

Lange wurden Vegetarier wie Wesen vom anderen Stern angeschaut. Freiwilliger Fleischverzicht? Für Cubaner, ›Zwangsvegetarier‹ der krisengeschüttelten 1990er-Jahre, die damals witzelten, man lebe nicht im *socialismo*, sondern im *sojalismo*, kaum nachvollziehbar! Doch diese Zeiten sind vorbei. Cubaner frönen heute wieder und so oft es geht ihrem Schweine- und Hühnerfleisch; Touristen finden zumindest in Pensionen und *paladares* auch fleischlose Optionen.

(Pappschachteln mit Fleisch, Reis und Gemüse), *pan con lechón* (›Cuba-Döner‹ mit Schweinefleisch), *maní* (Erdnussriegel), *churros* (Schmalz-

---

REGIONALE LECKEREIEN

Im tiefen Osten, rund um Baracoa, verwöhnen Gerichte mit Kokosmilch (neben Fisch auch Blatt- und Knollengemüse, *calalú* genannt), *teti* (winzige Fische, meist von Juni bis Januar) und *cucurucho*, eine Masse aus Zucker, Kokosraspeln, Honig, Mandeln und Früchten, den Gaumen. In Zentral- und Ostcuba schmeckt *ajiaco*, ein deftiger Fleisch-Gemüse-Eintopf.

gebäck), *batidos* (Milchshakes), *guarapo* (Zuckerrohrsaft) und starken, süßen *café criollo*. Selbstversorger decken sich auf den weit verbreiteten Bauernmärkten preiswert mit Fleisch, Obst und Gemüse ein.

Cocktails und Co.

Schon Hemingway schwärmte von Cubas umfangreichen Cocktailkarten. In seinem Lieblingsdrink Daiquirí fließen Rum, Zucker, zerriebenes Eis und Limettensaft zur unwiderstehlichen Mischung zusammen. Seine zweite Leidenschaft, der Mojito (Rum, Mineralwasser, Zucker, Limonensaft, Eiswürfel und Minze), geht auf Sklaven zurück, die Schnaps mit Minze mischten. Den Cuba libre erfanden US-Soldaten, als sie in Cubas zweitem Unabhängigkeitskrieg ihre schwarze Brause mit Rum mischten. Probieren Sie diese drei Klassiker und noch viele weitere! Auch gute Biersorten (Cristal und Bucanero) fließen fast überall in Strömen, und bessere Hotels und Restaurants haben Importweine auf der Karte stehen.

KREOLISCHE KLASSIKER

Fleischige Leibspeisen
Lechón asado (Spanferkel am Spieß), *pollo asado/pollo frito* (gebratenes Huhn), *lomo* (Kasseler) und *bistec uruguayano* (mit Käse und Schinken gefülltes Schweinesteak) sind bei den Einheimischen die Renner. Etwas seltener findet man *ropa vieja* (Rindergeschnetzeltes), *picadillo* (Rinderhack) und *chilindrón de cordero* (Lammragout).

Köstliches aus dem Meer
Am häufigsten – und oft fangfrisch – landen *filete de pargo* (Seebarschfilet), *camarones* (Krabben) und *langosta* (Languste) auf dem Tisch.

Rustikale Beilagen
Sie machen eine Mahlzeit in Cuba erst komplett: *arroz congrí* (Reis mit Bohnen), *moros y cristianos* (Reis mit schwarzer Bohnensuppe), *yuca* (Maniok), *plátanos* (Kochbananen), *boníatos* (Süßkartoffeln) oder *tostones* (frittierte Bananenscheiben).

Süßes Finale
Meist runden *flan* (Karamellpudding), Eis oder Marmelade mit Käse ein Mahl ab.

Ihr Cuba-Kompass

#2
Lang lebe die Revolution – **Museo de la Revolución**

#3
Auf dem Totenacker – **Cementerio Colón**

Postmortales Statusgehabe

TIFFANY meets **Che Guevara**

#1
Mitten ins koloniale Herz – **Plaza de Armas**

MACHT MACHT STRESS

WOMIT FANGE ICH AN?

Das ›Galapagos‹ der Karibik

#15
Ab ins Raritätenkabinett – **Humboldt-Nationalpark**

DAS SIND 63 TAUSEND TONNEN

Afrika meets Karibik

INDIGENER ALLTAG

#14
Immer höher, hoch hinauf – **rund um die Gran Piedra**

#13
Wo selbst die Götter tanzen – **Santiago de Cuba**

#12
Ein fremder Kosmos – **Aldea Taína und Chorro de Maíta**

 # 4

Kunst trifft Natur –
Las Terrazas

 # 5

Wandern im
Wunderland –
Valle de Viñales

 # 6

Ab in die Unterwelt –
**die Cuevas de
Bellamar**

 # 7

Zuckrige Hinterlas-
senschaften – **Prado
von Cienfuegos**

 # 8

›Guerillero Heróico‹ –
**Che-Guevara-Stadt
Santa Clara**

 # 9

Wie aus dem Bilder-
buch –**Trinidads
Plaza Mayor**

 # 11

Grüner wird's
nimmer –
Topes de Collantes

 # 10

Eine Überdosis
Zucker – **Valle de los
Ingenios**

Alles voll öko!

Himmlisches Tal, teuflische Versuchung

VON DÄMONEN UND URZEITVIECHERN

ARISTOKRATISCHE SOMMERFRISCHEN

HASTA SIEMPRE, COMANDANTE

Zuckrige Pracht

Rausch kommt vor dem Fall

WELCOME TO THE JUNGLE

Havanna

Cubas Metropole berauscht die Sinne mit einem bunt gemixten Cocktail an Impressionen. Die mit Sights der Extraklasse reich gesegnete, restaurierte Altstadt erblüht in einem prächtigen Potpourri diverser Architekturstile. Gleich nebenan zeigt sich die alte Dame im pulsierend-authentischen Straßenleben des ›angebröselten‹ Viertels Centro Habana deutlich ungeschminkter. Und abends dreht La Habana richtig auf und bittet in den besten Bars, Cabarets und Discos der Insel zum Drink bzw. Tanz. Was für eine Stadt!

Havanna 🗺 Karte 3

Die größte Stadt der Karibik (2,1 Mio. Einw.) pulsiert vor Leben und lädt immer wieder zu Zeitreisen ein. Ob im Freilichtmuseum der Altstadt, die vor kolonialen Hinguckern nur so wimmelt. Oder in den Straßen Centro Habanas, die maroden Charme und jede Menge Authentizität ausstrahlen. Oder im eleganten Vedado, wo bis in die 1950er-Jahre die Roulettekugeln rollten und die Spielkarten flogen und bis heute das Herz des Nachtlebens schlägt. Es ist gerade dieser vielschichtige Mix aus Sinneseindrücken, der die alte Diva La Habana so anziehend und interessant macht.

WAS TUN IN HAVANNA?

Koloniales Plaza-Hopping

In der Altstadt (Habana Vieja), dem Juwel in Havannas Krone, zeigen sich die Gegensätze deutlich. Während der Süden verfällt, begeistert der Norden rund um seine kolonialen Plätze mit viel Flair. Bis zu 500 Jahre stecken den Bauten hier in den steinernen Knochen, doch präsentieren sie sich im frisch restaurierten Gewand.
An der **Plaza de la Catedral** ragt mit der **Kathedrale** 🔲1 (Mo–Fr 9–16, Sa, So 9–12 Uhr, Hauptmesse So 10.30 Uhr,

- -

DEN ÜBERBLICK BEHALTEN

Verschaffen Sie sich einen ersten Überblick mit der **Habana Bus Tour**. Der T1 fährt von der Altstadt (Parque Central) über Vedados Plaza de la Revolución bis Miramar und wieder zurück (tgl. 9–18 Uhr, Tagesticket 10 CUC). Eine stilvolle Alternative ist eine **Oldtimertour** (Start am südlichen Parque Central, 30–40 CUC für 1 1/2 Std.).

- -

Turmbesteigung 1 CUC) eines der bedeutendsten Gotteshäuser Cubas empor. Seine Barockfassade ließ den Schriftsteller Alejo Carpentier von »Stein gewordener Musik« schwärmen. Doch hatte man die Kirchensäckel für das opulente Äußere verpulvert, sodass für das schlichte Innere nur ein paar Fresken und verzierte Altäre übrig blieben. Nebenan könnte die ehemalige Hemingway-Bar **La Bodeguita del Medio** ❄ (tgl. 10.30–23.30 Uhr) noch Künstler-Charme versprühen – würden sich hier nicht die Tourgruppen die Klinke in die Hand geben …
Weitere Hingucker locken an der benachbarten **Plaza de Armas**, Havannas ältestem Platz (▶ S. 22, 🔲2 – 🔲5). Auch die **Plaza de San Francisco** hat viel erlebt. Dockten hier vom 16. bis 18. Jh. Sklaven- und Handelsschiffe an, so spucken heute Kreuzfahrtschiffe ihre Gäste aus. Am Platz ragt mit dem **Convento de San Francisco de Asís** 🔲6 (Museum Di–Sa 9.30–16.30 Uhr, 2 CUC, Fotos 2 CUC, Konzert 10 CUC) einer der höchsten Kirchenbauten Lateinamerikas auf. Steigen Sie auf den 42 m hohen Turm und lassen den Blick über die Altstadt und den Hafen schweifen. Einfach göttlich. 1762 wurde das Gotteshaus von den britischen Besatzern kurzzeitig als Warenlager ›entweiht‹, doch längst hat es seine religiöse Aura wiedererlangt, die sich vor allem im Museo de Arte Religioso zeigt. Jeden Samstagabend nutzen Orchester die herausragende Akustik für Klassikkonzerte.
Die 1587 errichtete **Plaza Vieja** gilt gemeinhin als der schönste Altstadtplatz. Wenn Sie sich aus einer der netten Bars am Platz abseilen können, locken neue Einblicke: Etwa das Livepanorama der Altstadt, das die **Cámara Oscura** 🔲7 im prächtigen Turm des Edificio Gómez Villa auf eine Parabolfläche projiziert (Di–So 9.30–17 Uhr, 2 CUC). Im **Planetario** 🔲8 können Sie interaktive Ausstellungen über das Universum bewundern (Mi–Sa 9.30–17, So 9.30–13 Uhr, Führungen 10, 11, 14.30 und 15.30 Uhr, 10 CUC, Anmeldung unter T 0 7864 9544 oder 0 7864 9545).

In einer Stadt, wo Musik und Tanz so allgegenwärtig sind, verwundert es kaum, dass immer neue Stars ›geboren‹ werden.

Flanieren auf der ›Vorzeigestraße‹

Wussten Sie, dass es Havannas Altstadt, eine der größten Lateinamerikas, heute um ein Haar nicht mehr gegeben hätte? Da ihre engen Gassen nicht mehr den modernen US-Vorbildern entsprachen, lagen die Abrisspläne in den 1950er-Jahren bereits in der Schublade. Zum Glück schob die Revolution einen Riegel vor! Allerdings verfiel die »Perle der Antillen« nach 1959, galt es nun doch, das Stadt-Land-Gefälle abzubauen. Erst seit die Unesco die Altstadt 1982 zum Kulturerbe erklärte, fließen wieder Restaurierungsgelder. Vor allem aber ist es der Stadthistoriker Eusebio Leal, der die Sanierung vorantreibt. Neben den Kolonialplätzen ist diese vor allem in der ›Vorzeigestraße‹ **Calle Obispo** mit ihren Läden, Galerien, Bars und Restaurants sichtbar. Schon Hemingway ließ sich hier inspirieren. Er hämmerte 1939 im **Hotel Ambos Mundos** 9 in Zimmer 511 (heute ein Mini-Museum, Mo–Sa 10–17 Uhr, 2 CUC) für den Roman »Wem die Stunde schlägt« auf seine Schreibmaschine ein und lobte das Haus als »guten Ort, um zu schreiben«. Außerdem ist es ein toller Ort für einen Drink auf der Dachterrasse. Apropos Drink: In der Bar **El Floridita** ✡ (www.floridita-cuba.com, tgl. 11–24 Uhr) ließ sich Hemingway seine Daiquiris zubereiten – angeblich mit der doppelten Portion Rum! Zwar geht es hier zu wie in einem Taubenschlag, doch einen Blick lohnt der weltberühmte Trink-Tempel allemal.

Das Make-up sitzt!

Auf dem 1772–1852 erbauten **Prado** (Paseo Martí) flanierte früher die Aristokratie, der die Altstadt zu eng geworden war. Etwa 100 Jahre später schnauften die ersten Automobile den breiten Boulevard entlang. Denn als Symbol der Moderne bekam die Straße 1902 als erste der Stadt eine Asphaltdecke. Heute ist der Lack trotz der Villen im Art-déco- und Jugendstil etwas abgeblättert. Doch rund um den **Parque Central** sitzt das ›Make-up‹ nahezu perfekt: Etwa beim **Gran Teatro** 10, in dessen Fassade Barock, Renaissance, Rokoko und Neoklassizismus zusammenfließen (Besichtigung Mo–Sa 9–17,

Caleta de

Malecón
Calzada (7)
Línea

Parque
La Piragua

Edificio
FOCSA

Cine Yara

VEDADO

Coppelia

23 (La Rampa)

Julio A. Mella

Universidad de
La Habana

Hospital Universitario
General
Calixto García

José M.
Gómez

Estadio
Juan Abrahantes

Avenida de los Presidentes

Zapata

Castillo
del Príncipe

Malecón

Parque
Maceo

Antonio
Maceo

Humboldt

Hornos

Príncipe

Vapor

27 de Noviembre (Jovellar)

San Lázaro

Hospital
Hermanos Ameijeiras

Ánimas

Virtudes

Virtudes

Concordia

Neptuno

San Francisco

Espada

Hospital

San Miguel

San Rafael

Marqués González

Lucena

Gervasio

Escobar

Calzada de Infanta

Mazón

Basarrate

San Martín (San José)

Valle

Zanja

CENTRO
HABANA

Salud

Jesús Peregrino

Pocito

Santiago

Padre Varela (Belascoaín)

Avenida Salvador Allende (Carlos III)   Avenida

Xifré E. Barnet   (Estrella)

Ságrado Corazón
de Jesús

Padre Varela

Franco

Oquendo

Marqués González

San Carlos

Escobar

Figuras

Carmen

Peñalver

Campanario

Santo Tomás

Estadio
José M. Pérez

(Belascoaín)

Lindero

Rastro

Centro
Wifredo
Lam

Tejadillo

Empedrado

O'Reilly

Obispo

Obrapía

Lamparilla

Amargura

Brasil (Teniente Rey)

HABANA
VIEJA

Muralla

Sol

Cuba

Aguacate

Aguacate

Compostela

Pl. de la
Catedral

Pl. de Armas

Maqueta del
Centro Histórico

Mercaderes

Habana

Casa
de los
Árabes

Justiz

Oficios

Aguiar

San Ignacio

Cuba

Pl.
Vieja

Hotel Santa Isabel

Museo Nacional
de Historia Natural
Mezquita
Abdallah

Plaza de
San Francisco
de Asís

Terminal Sierra
Maestra

Arroyo (Av. Manglar)

Santo Tomás

San Gregorio

Estévez

Flores

Santa Rosa

Máximo Gómez (Monte)

Omoa

Finca La Vigía

0   200 m

Playas del Este

Castillo de los
Tres Reyes del Morro

LA HABANA
DEL ESTE
Parque Histórico
Morro-Cabaña

San Lázaro

Túnel de la
Bahía de la Habana

Castillo de San Salvador
de la Punta

Monumento a los ochos
estudiantes de medicina

Canal de Entrada

Leones del
Prado

Parque de los
Mártires

Capdevila
(Cárcel)

Máximo
Gómez

14

Museo Nacional
de la Música

13

Parque
Anfiteatro

Av. Carlos M de
Céspedes (Av. del Puerto)

Avenida Antonio Maceo (Malecón)

Cuarteles

Tacón

Parque
Luz Caballero

Details s. Inset

San Lázaro

Refugio

Colón

Chacón

Lagunas

Trocadero

Bernal

23

19

Tejadillo

Pl. de la
Catedral

Pl. de
Armas

Campanario

Neptuno

Mantique

San Nicolás

Aguila

Amistad

Blanco

Crespo

Industria

24

Empedrado

15

Concordia

7

1

Zulueta

Parque
Central

Obispo

Habana

San Rafael

4

San Miguel

12

O'Reilly

Obrapía

Plaza de
San Francisco
de Asís

San Martín
(San José)

10

20

José
Martí

Lamparilla

Dragones

Aguila

Industria

Cuchillo

Barcelona

8

11

6

Amargura

Brasil (Teniente Rey)

Aguacate

Pl.
Vieja

Agramonte

Paseo de Martí (Prado)

Avenida de Bélgica

(Monserrate)

HABANA
VIEJA

Oficios

Dragones

3

Villegas

Cristo

Muralla

Cuba

San Ignacio

Simón Bolívar (Reina)

Parque de la
Fraternidad
Americana

Convención

Compostela

Sol

Muelle
de la Luz

Fuente Bautista de Cuba
de la India

Aguacate

Luz

Convento de
Santa Clara

Manrique

San Nicolás

Angeles

Indio

Maximó Gómez (Monte)

Tenerife

Cienfuegos

Cárdenas

Apodaca

Gloria

Aponte

Economía

Misión

Factoria

Somerruelos

Arsenal

Avenida de Bélgica (Egido)

Curazao

Jesús María

Acosta

Convento e Iglesia de Belén

Espíritu Santo

Nuestra Señora de la
Merced

Merced

Museo
José Martí

Leonor Pérez (Paula)

3

San Isidro

San Pedro

3

Corrales

San Nicolás

Gloria

Florida

Aguila

Revillagigedo

Suárez

Alambique

Ave. de España (Vives)

Puerta Cerrada

Diaria

Estación Central
de Ferrocarriles

Chamorro

Diaria

Desamparados

Ensenada de Atarés

Estación
Cristina

Castillo
de Atarés

0   400 m

Sehenswert

1. Kathedrale
2. El Templete
3. Castillo de la Real Fuerza
4. Palacio de los Capitanes Generales
5. Casa de los Artistas
6. Convento de San Francisco de Asís
7. Cámara Oscura
8. Planetario
9. Hotel Ambos Mundos
10. Gran Teatro
11. Capitolio
12. Edificio Bacardí
13. Artecorte
14. Fortaleza de San Carlos de la Cabaña
15. Callejón de Hamel
16. Hotel Nacional
17. Plaza de la Revolución
18. Museo del Ron
19. Museo Nacional de Bellas Artes
20. Centro Asturiano
21. Museo de Artes Decorativas
22. Parque John Lennon
23. Museo de la Revolución
24. Memorial Granma
25. Cementerio Colón

In fremden Betten

1. Casa Vitrales
2. Convento de Santa Brigida
3. Hostal la Caridad
4. Casa 1932
5. Hamel Hostel
6. Marta
7. Casa Blanca

Satt & glücklich

1. La Torre
2. Paladar Nao
3. Paladar Moneda Cubana
4. Casa del Chocolate
5. Lamparilla Tapas y Cervezas
6. Los Nardos
7. Café Arcángel
8. Siá Cará Café
9. Paladar Café Laurent
10. Paladar Habana Blues
11. Cafetería Locos X Cuba
12. Buena Vista Curry Club
13. Tinhao
14. Paladar Topoly
15. Paladar ChaChaChá
16. Paladar La Barraquita

Stöbern & entdecken

1. Memorias Antigüedades Librería
2. Piscolabis
3. Feria de la Artesanía
4. Carlos Tercero
5. Casa del Habano

Wenn die Nacht beginnt

1. La Bodeguita del Medio
2. El Floridita
3. Tradicionales de los 50
4. El Jelengue de Areito
5. Gato Tuerto
6. La Zorra y el Cuervo
7. El Gran Palenque
8. Café Madrigal
9. Submarino Amarillo
10. 1830
11. Fábrica de Arte Cubano (FAC)
12. Café Cantante/ Piano-Bar Delirio Habanero
13. Casa de la Música
14. Cabaret Tropicana

Sport & Aktivitäten

1. San Cristóbal
2. Salsabor a Cuba
3. Cuba Ruta Bikes

So 9–13 Uhr, 5 CUC). Es zählt zu den schönsten und größten Schauspielhäusern Lateinamerikas. Im Innern, wo der ehemalige US-Präsident Barack Obama 2016 eine Ansprache hielt, treten das weltberühmte Nationalballett (www.balletcuba.cult.cu) und die Staatsoper auf. Nebenan soll 2018 Havannas Wahrzeichen **Capitolio** 11 zum Wiedereinzug des Parlaments erneut seine monumentalen Pforten erneut öffnen. Kommt Ihnen etwas bekannt vor? Stimmt, der Bau ist dem Washingtoner Kapitol nachempfunden und vom US-hörigen Diktator Machado 1929–1932 als Parlamentssitz errichtet worden. Innen erwecken die imposante 90 m hohe Kuppel und die vergoldete Statue der Republik, mit 17 m Höhe die drittgrößte Indoor-Figur der Welt, Ehrfurcht. Auch der Art-déco-Turm des **Edificio Bacardí** 12 aus dem Jahr 1930 beeindruckt. Von oben genießen Sie fantastische Ausblicke. Die Dynastie entrollte kurz nach dem Sieg der Revolution noch ein Banner – »Gracias Fidel« –, musste jedoch schon bald die Koffer packen. Die Wut sitzt tief und machte Bacardí zum Sponsor exilcubanischer Anti-Castro-Organisationen. Auch weiter nördlich bleibt es im imposanten ehemaligen Präsidentenpalast, der Cubas bestes **Revolutionsmuseum** 23 (▶ S. 26) beherbergt, hochpolitisch.

Musealer Haarschnitt

Haben Sie sich schon mal im Museum die Haare schneiden lassen? Im **Callejón de los Peluqueros,** einer zum Thema Friseurgeschichte(n) gestalteten Gasse, können Sie Premiere feiern. Inmitten von altem Figaro-Zubehör und haarigen Gemälden klappern im Friseursalon **Artecorte** 13 (Reservierung T 0 7861 0202, Di–Sa 10–18 Uhr, Haarschnitt 5 CUC) die Scheren. Rundherum strahlen nette Cafés Bohème-Flair aus.

Wo die Sonne im Meer versinkt

Von der Hafeneinfahrt zieht sich der **Malecón** über 8 km gen Westen. Tagsüber kommt auf der Uferpromenade kaum Atmosphäre auf – zu viele Autos brausen hier entlang. Doch abends, wenn die letzten Sonnenstrahlen die betagten, von Salzwasser angenagten Hausfassaden aufleuchten lassen und das Gestirn gelbrot im Meer versinkt, kann man sich kaum sattsehen. Dann machen vor allem am Wochenende unzählige Habaneros die Kaimauer zu ihrem Wohnzimmer – ein tolles Erlebnis.

Bollwerk mit ›Böllershow‹

»Sie hat mich so viel gekostet, dass man sie eigentlich von hier aus sehen müsste«, stöhnte der spanische König, als er sich auf dem Balkon seines Palastes in Madrid ein Fernrohr reichen ließ. Die Rede war von der **Fortaleza de San Carlos de la Cabaña** 14 (tgl. 10–22 Uhr, 6 CUC bzw. 8 CUC inkl. *cañonazo*). Doch warum griff die Krone so tief in ihre Schatullen und errichtete 1763–1774 die größte Festung Lateinamerikas? Um noch mehr Wohlstand zu verteidigen! Bereits bis 1740 hatte Havanna zum Schutz vor Piraten mehrere Festungen und eine Stadtmauer errichtet. 1762 gelang es den Briten trotzdem, Havanna zu erobern – erst im Tausch gegen Florida rückten sie es wieder heraus. So ein Debakel sollte nie wieder passieren! Eingenommen hat die Festung tatsächlich niemand nie – außer den heutigen ›Invasoren‹ mit Sandalen und Kameras. Sie bestaunen den Ausblick, die größte Zigarre der Welt (90 m lang und aus Blättern im Gesamt-gewicht von 80 kg gefertigt), Guevaras Militärstützpunkt Comandancia del Che (heute ein Museum) und den *cañonazo* (20–21 Uhr). Dieser Kanonenschuss kündigte früher das Schließen der Stadt-tore an und wird heute in historischen Kostümen nachgestellt.

Afrocubanischer Herzschlag

Sehenswert in **Centro Habana** ist vor allem das Straßenleben. Lassen Sie sich am besten einfach (bei Tag) durchs Viertel treiben. Der **Callejón de Hamel** 15, eine von Künstler Salvador González bunt gestaltete Gasse, wimmelt vor Symbolen aus der Santería, einer Mischung aus afrikanischem Götterglauben und Katholizismus. Überall ragen bizarre Skulpturen wie Totems auf. Hoch her geht es bei den Trommelzeremonien am ›Domingo de la Rumba‹ (jeden So 12–15 Uhr, Eintritt frei).

Ein ›Monte Carlo der Karibik‹?

Genießen Sie das Vedado-Viertel erstmal aus luftiger Höher, von der Bar **La Torre** 1 im 33. Stock des **Edificio Focsa** (Calle 17, zw. M u. N, Vedado, tgl. 12–23.30 Uhr, 10–30 CUC). Ein sagenhafter Ausblick! Kommt Ihnen die Skyline teilweise wie eine angestaubte ›made in USA‹-Version vor? Recht haben Sie! 1898 betraten die Vereinigten

Neben Unmengen von Oldtimern erinnert das Capitolio an die Zeiten, als die USA noch das Sagen hatten.

Mitten ins koloniale Herz – **Plaza de Armas**

Steinerne Zeugen des aristokratischen Wohlstandes grüßen an fast jeder Altstadtecke. Doch auf Havannas ältestem Platz verströmen sie nicht nur das Flair vergangener Tage, sondern erzählen auch interessante Geschichten. Etwa jene von der trauernden Witwe oder vom schlaflosen Gouverneur.

Beginnen wir ganz von vorne. Sehen Sie den griechisch anmutenden Mini-Tempel **El Templete 2**? An dieser Stelle wurde 1519 Havannas Gründungsmesse gelesen. Wandgemälde von Jean-Baptiste Vermay erinnern daran.

Das Geheimnis der trauernden Witwe

Nebenan wuchtet sich das **Castillo de la Real Fuerza 3** empor, eine der ältesten Festungen Lateinamerikas (1558–1577). Sein Schutz war unverzichtbar geworden, galt Havanna doch schnell als Schlüssel zur Neuen Welt. Viele spanische Galeonen gingen vor Anker, die Bäuche randvoll mit Edelmetallen von den Raubzügen ihrer Besatzungen aus Mittelamerika. Im Innern der Festung vermitteln aus Wracks geborgene Schätze eine Vorstellung von den Reichtümern. Kein Wunder, dass Piraten rund um Havanna besonders fette Beute witterten. Der Überfälle überdrüssig, rüstete Spanien seine Flotte auf und segelte nur noch in den Konvois der ›Silberflotte‹ über den Atlantik. Zahlreiche Kriegsschiffe gingen von Havannas Werft vom Stapel, darunter die 1769 erbaute ›Santísima Trinidad‹, das damals größte und bestbewaffnete Schiff der Welt. Im Maßstab 1 : 25 nachgebildet, ist sie der Stolz der Schiffsmodellausstellung des 16. bis 20. Jh. Tauchen Sie am multimedialen Bildschirm ein in die spannende Geschichte der schwimmenden Festung.

Dramatisch sind auch die Ereignisse rund um Gouverneur Hernando de Soto, der von hier aus

Eine Wetterfahne von Doña Inés de Bobadilla krönt den Festungsturm. Was sie wohl von der steigenden Besucherzahl hält? Das weiß nur der Himmel.

P
POMPÖS

Havanna wollte für allerhöchsten Besuch gewappnet sein und fuhr im **Gouverneurspalast 4** sogar einen Thronsaal auf. Völlig umsonst, denn Seine Majestät, der spanische König, ließ sich kein einziges Mal in den Kolonien blicken …

zu neuen Eroberungen in Florida aufbrach. An ihn erinnert am Eingang die Giraldilla, Havannas Wahrzeichen und Cubas älteste Schmiedearbeit (1630). Oder vielmehr an seine Frau Doña Inés de Bobadilla. Abend für Abend soll sie von den Burgzinnen gen Horizont geblickt und auf die Rückkehr ihres Mannes gewartet haben. Als Doña Inés von Hernandos Tod erfuhr, verging sie vor Kummer, wurde aber unsterblich. Denn ihr Emblem ziert bis heute die berühmte Rummarke Havana Club.

Inspirationsquelle: In den kolonialen Straßen der Altstadt finden die Künstler zahlreiche Motive und noch mehr touristische Abnehmer.

Des Gouverneurs Anti-Stress-Therapie

Mit dem **Palacio de los Capitanes Generales** **4** bekam der Platz auch einen standesgemäßen Regierungssitz. Über ein Jahrhundert lang wurden dort politische Schachzüge ausgetüftelt, von spanischen Gouverneuren (1791–1898), US-Besatzern (1898–1902) und Cubas ersten Präsidenten (bis 1920). Dabei durften auch Status und fürstlicher Lebensstil nicht zu kurz kommen – heute zu sehen im **Museo de la Ciudad,** das sich im Palast befindet.

Bei all diesen Hinguckern geht ein Detail fast unter. Fällt Ihnen vor dem Eingang etwas auf? Der Boden besteht nicht aus Kopfsteinpflaster, sondern aus Holzbohlen. Der damalige Gouverneur ließ sie einsetzen, um von den Kutschen nicht aus seinen süßen Träumen gerissen zu werden. Anti-Stress-Therapie zu Zeiten vor Ohropax …

INFOS/ÖFFNUNGSZEITEN
El Templete **2** : tgl. 9.30–17 Uhr, 2 CUC
Castillo de la Real Fuerza **3** : Di–So 9.30–17 Uhr, 3 CUC, Fotos 2 CUC
Palacio de los Capitanes Generales **4** : Di–So 9.30–18 Uhr, 3 CUC

HOCHGELOBTE HAUSMANNSKOST
Im urig-schicken Weinkeller-Look des **Paladar Nao** **2** (Calle Obispo 1,

T 0 7867 3463, www.facebook.com/naobarpaladar, tgl. 12–24 Uhr, um 10 CUC) genießen Sie leckere Cocktails und Hausmannskost.

AUGENWEIDEN
In der **Casa de los Artistas** **5** (Plaza de Armas, über Restaurant La Mina, Mo–Fr tagsüber) werkeln Stars wie Pedro Pablo Oliva, Roberto Fabelo, Carlos Guzmán und Zaida del Rio.

Staaten als neokoloniale Macht das politische Parkett, nachdem sie Spanien in einem »splendid litte war« besiegt hatten. In den 1920er- und 1930er-Jahren drückten die Luxusbauten der Reichen und Schönen aus den USA Vedado ihren Stempel auf. In den 1950er-Jahren folgten vergnügungssüchtige US-Touristen. Mafiapaten zogen die Fäden von Marionettenpräsidenten und machten unter Palmen glänzende Geschäfte. Betreten wir einen ihrer ehemaligen Tempel, das **Hotel Nacional** 16 (T 0 7836 3564, www.hotelnacionaldecuba. com, DZ ab 200 CUC). Wie ein Schloss thront es seit 1939 auf einem Hügel und lockt mit herrlichem Garten nebst Meerblick sowie der Show des ›Cabaret Parisien‹ auch Nichtgäste an. Den ›Saal der Geschichte‹ (mit Bar) zieren Fotos von berühmten Besuchern. Auch Nordamerikas wichtigste Clan-Chefs kamen 1946 im Prachtbau zusammen, um sich beim Sinatra-Konzert die Drogenhandels-, Prostitutions- und Glücksspielreviere aufzuteilen. Kein Wunder, dass Havanna bald als dekadentes ›Monte Carlo der Karibik‹ galt. Bis die Revolu-

tion den Sumpf trockenlegte. Das Nachtleben pulsiert hier aber bis heute, vor allem rund um die Arterie **La Rampa.**

Der Revolution auf der Spur

Gigantisch! Ein passenderes Wort gibt es nicht für die **Plaza de la Revolución** 17, Cubas größten Massenkundgebungsplatz. Von Ministerien blicken die überdimensionalen Köpfe der Ikonen Che Guevara und Camilo Cienfuegos auf die Betonwüste herab. Gegenüber ragt mit dem **Memorial José Martí** das höchste Gebäude der Stadt 142 m empor, davor die größte Martí-Statue des Landes (17 m). Das Museum im Innern erinnert an das bewegte Leben des Nationalhelden (1853–1895). Vom Mirador schweift der Blick über das Häusermeer (Mo–Sa 9–16.30 Uhr, Museum 3 CUC, Mirador 3 CUC, Fotos 1 CUC).

MUSEEN, DIE LOHNEN

Alles über das Nationalgetränk

Cubanischer Rum genießt Weltruf. Im liebevoll gestalteten **Museo**

¡Hola, Señora!, scheinen die frechen Früchtchen zu rufen. Inzwischen ein häufiges Bild: Kleine private Obst- und Gemüsestände haben die Versorgung der Bevölkerung erheblich verbessert.

del Ron **18** verstehen Sie, warum. Originalgeräte veranschaulichen die komplexen Produktionsschritte, bis der edle Tropfen in Eichenfässern heranreifen kann. Der Star unter den Exponaten ist das riesige Modell einer Zuckerfabrik aus dem 19. Jh., durch das eine Modelleisenbahn schnauft.

Av. del Puerto 262, Ecke Sol, Altstadt, www.havana-club.com, tgl. 9.30–17.30 Uhr, Führung 7 CUC

Willkommen im ›Who's who‹ cubanischer Kunst

Auf in eines der besten Museen der Insel: Das **Museo Nacional de Bellas Artes (Arte Cubano)** **19** deckt mit über 1000 Exponaten die cubanische Malerei von 17. Jh. bis heute ab. Aus der kreativen Flut stechen Werke von Koryphäen wie Wifredo Lam, Carlos Enríquez, Víctor Manuel, Marcelo Pogolotti, Amelia Peláez, René Portocarrero, Alfredo Sosabravo, Nelson Domínguez, Manuel Mendive, Pedro Pablo Oliva, Zaida del Río und Tomás Sánchez hervor. Die internationale Kunstsammlung im **Centro Asturiano (Arte Universal)** **20** kann da nicht mithalten. Doch schon der pompöse Palast ist mit seiner prächtigen Buntglasdecke eine Augenweide.

Calle Trocadero, Ecke Agramonte bzw. Parque Central, Altstadt, www.bellasartes.cult.cu, Di–Sa 9–17, So 10–14 Uhr, je 5 CUC oder 8 CUC für beide Häuser; Fotografieren nicht erlaubt

So lebte der Adel

Schon die prachtvolle Villa weckt hohe Erwartungen – und das **Museo de Artes Decorativas** **21** im Innern erfüllt sie: Stuck, Spiegel, Marmor, Porzellan und Bronze, wohin man auch blickt. Über 30 000 Kleinode aus den Königshäusern von Luis XV. bis Napoleon III. sowie aus asiatischen Regionen füllen die Räume, die schönsten zieren den ›Salón Principal‹ und das ›Chinesische Zimmer‹.

Calle 17 No. 502, Ecke D, Vedado, Di–Sa 9.30–16 Uhr, Führung 5 CUC, Fotos 5 CUC

Ein Teil des Alkohols verflüchtigt während der Reifephase des Rums. Es heißt, Don Fernando Bacardí, der Erfinder der modernen Herstellungsmethoden, würde sich noch aus dem Himmel regelmäßig seine Kostproben holen …

··

SCHLEMMEN, SHOPPEN, SCHLAFEN

 In fremden Betten

Stilistisch auf der Höhe
Casa Vitrales **1**

In dem Haus mit seinen originellen Kunstwerken und freundlichen Farben scheinen sich einige Designer ausgetobt zu haben. Auch die tolle Dachterrasse und die acht eleganten Zimmer mit hoher Decke und Balkon haben Stil.

Calle Habana 107, Altstadt, T 0 7866 2607 und 01 5264 7673 (mobil), www.cvitrales.com, DZ ab 100 CUC

Kloster-Charme
Convento de Santa Brigida **2**

Ist Schlafen im Kloster nicht eher was für Asketen? Die sehr netten Nonnen, der ruhige Innenhof, das leckere

Ein Pilzkopf-Kult in der Karibik? Exotisch, aber wahr. Fidel Castro setzte ihn in Gang, als er 2000 den **Parque John Lennon** **22** eröffnete. Die Statue des Beatles-Sängers erhält reichlich Besuch. Anfangs trug John übrigens noch eine Nickelbrille, doch das ›Nasenfahrrad‹ wurde einfach schon zu oft gestohlen.

Lang lebe die Revolution – **Museo de la Revolución**

Denkmäler der Revolution gibt es in Cuba wie Sand am Meer. Doch nirgendwo schlägt das revolutionäre Herz stärker, nirgendwo erleben Sie Castro, Che und Co. intensiver als im ehemaligen Präsidentenpalast. Die Museumsexponate blättern die Geschichte auf wie einen spannenden Historienroman.

Was schwebt denn da? Wie es aussieht, eine kunstvolle Ode an die Republik.

HELDEN

Wussten Sie, dass Camilo Cienfuegos im cubanischen Heldenkosmos auf Augenhöhe mit Che Guevara steht? Beeindruckend, wie echt die durch den Wald stapfenden Wachsfiguren der Revolutionäre im Memorial Camilo-Che im zweiten Stock wirken!

Eigentlich war für den Palast ein ruhiges Dasein als Sitz der Provinzregierung vorgesehen – hätte sich nicht eine Präsidentengattin in ihn verliebt. Wie harmonisch hier Stile aus Spanien, Frankreich und Deutschland zusammenflossen! Und erst die prächtige Innendekoration von Tiffanys aus New York! Kurzerhand überredete die First Lady ihren Mann, gleich nach der Einweihung des Palastes 1920 dort einzuziehen. 20 weitere Präsidenten folgten – die meisten korrupt, einige sogar Diktatoren. Bis 1959 ein bärtiger Revolutionär der Geschichte eine andere Wendung gab und diese in den einstigen Hallen der Macht ausstellte. Und so wurde aus dem Präsidentenpalast das **Museo de la Revolución** 23.

Gescheitert ...
Sehen Sie die Löcher an der Marmortreppe? Hier spielte sich am 13. März 1957 ein Drama ab. Revolutionäre Studenten stürmten hinauf, um Diktator Batista zu erschießen. Dieser konnte jedoch fliehen, und im Kugelhagel kamen die Eindringlinge um. Doch auch die Gegenseite scheiterte später – in ihrem Versuch, Castros Sozialismus zu Fall zu bringen. Daran erinnert die ›Ecke der Schwachköpfe‹, in der man über Batista, Reagan und die Bushs spottet. Ob sich Trump wohl bald hinzugesellen wird?

Viva la república!
Eine Etage höher beeindruckt der dem Versailler Spiegelsaal nachgestaltete Salón de los Espejos.

Weil alle guten Dinge drei sind, gibt es drei Köpfe als Vorbilder für die kommunistische Jugend: Julio Antonio Mella, Camilo Cienfuegos und Ernesto Guevara.

An der Decke prangt Armando Menocals (1863–1942) Gemälde »El triunfo de la República«. Im Zentrum schwebt das Symbol der Republik, eine geflügelte Göttin mit Nationalflagge. Eine jubelnde Menge huldigt Kunst und Wissenschaft, Engel löschen das Feuer des Krieges und packen den Regenbogen des Friedens aus. Noch mondäner wirkt der Salón Dorado.

Ein Stockwerk höher ziehen die goldblauen Keramikfliesen der Kuppel Blicke an. Unter ihr stellt das Bild »Victoria de las Tunas« eine Schlacht gegen die Spanier dar. Die Ecken besetzen vier mythologische Figuren: Apollo (Gott der Poesie), Vulcano (Gott der Schmiede), Pomona (Göttin der Landwirtschaft) und Mercurio (Gott des Handels).

Der lange Weg zur Revolution

Bereit für die Exponate-Flut? Los geht es in der zweiten Etage mit der Ära der Kolonialherrschaft, des Sklavenhandels und der Unabhängigkeitskriege. Es folgen Säle zur US-Herrschaft ab 1899 und vor allem zu Castros Kampf gegen Batista.

Noch nicht müde? Dann auf in den ersten Stock zu den wichtigsten Ereignissen nach der Revolution. Am interessantesten sind die Säle über den US-Terror gegen Cuba, die Schweinebucht-Invasion und die Cuba-Krise.

Der heilige Gral der Revolution ruht im **Memorial Granma** 24 vor dem Palast: eine ›revolutionäre Großmutter‹. So hieß nämlich die Jacht, auf der 82 Guerilleros 1956 durch einen Sturm von Mexiko bis nach Cuba schipperten, obwohl das Schiff nur für zwölf Personen konstruiert worden war. Um ein Haar wäre die Revolution noch vor ihrem Beginn ins Wasser gefallen: Das Schiff kenterte vor der Küste (▶ S. 92).

INFOS/ÖFFNUNGSZEITEN
Museo de la Revolución 23 /
Memorial Granma 24: Calle
Refugio 1, T 0 7862 4093/94, www.
visitarcuba.org/museo-de-la-revolucion,
tgl. 9–17 Uhr, 8 CUC, Führung plus
2 CUC

EIN COOLER ORT ZUM ENTSPANNEN …
… nach so viel Geschichte ist der
Paladar ChaChaChá 15 (Av. de las
Misiones 159, T 0 7867 2450, tgl.
12–2 Uhr, um 10 CUC), dessen Kost
genauso kreativ wie die Einrichtung
stylish ist. Abends oft Livemusik.

Faltplan: Karte 3 | Cityplan: S. 18

Frühstück und die Top-Lage zerstreuen solche Zweifel im Nu.

Calle Oficios 204, Altstadt, T 0 7866 4064, brigidahabana@enet.cu, DZ ab 70 CUC

Aussicht satt
Hostal La Caridad 3

Das detailverliebt dekorierte Kolonialhaus und die acht Zimmer auf mehreren Etagen (die besten sind im 2. OG) verströmen Wohlfühlambiente. Der Knüller ist die mehrstöckige Terrasse mit Bar und Aussichtsplattform.

Calle Leonor Pérez 110, Altstadt, T 0 7860 3987 und 01 5263 7902 (mobil), nelsonsarduy@yahoo.es, DZ 30–40 CUC

Mini-Museum
Casa 1932 4

Die nette Pension punktet mit drei Zimmern mit Safe, wundervoller Art-déco-Einrichtung, Buntglasfenstern, grünem Innenhof und Dachterrasse. Vermieter Luis spricht Englisch und hat viele Infos in petto.

Calle Campanario 63, Centro Habana, T 0 7863 6203, www.casahabana.net, DZ 25–35 CUC

Kontakte knüpfen
Hamel Hostel 5

Der Standard der beiden Schlafsäle (insgesamt 14 Betten) und des winzigen DZ ist einfach, aber beim Plausch

auf der Dachterrasse mit den netten Vermietern und Gästen fühlt man sich schnell wohl.

Calle Hospital 308, Centro Habana, T 0 7873 4222, hamelhostel@yahoo.com, Schlafsaal 5 CUC, DZ 10 CUC

Panorama-Pension
Marta 6

Ein Bildwörterbuch könnte unter dem Stichwort ›Eleganz‹ dieses Apartment im 14. Stock zeigen. Die vier hübschen Zimmer, die interessante, englischsprachige Vermieterin und die fantastische Aussicht sind weitere Argumente, sich hier einzumieten.

Av. de los Presidentes 301 (Apto. 14), Vedado, T 0 7832 6475 und 01 5246 1323 (mobil), www.casamartainhavana.com, DZ ab 35 CUC

Ein Willkommen wie bei Freunden
Casa Blanca 7

Die kunstvoll eingerichtete Villa lockt mit hübschem Garten und großem Zimmer mit Safe. Der englischsprachige Vermieter Jorge ist eine Seele von Mensch.

Calle 13 No. 917, Vedado, T 0 7833 5697 und 01 5498 3217 (mobil), cadr1.tripod.com/cuba.htm, DZ 25–30 CUC

 Satt & glücklich

Speisen im Wohnzimmer
Paladar Moneda Cubana 3

Schlürfen Sie im winzigen, mit Geldscheinen aus aller Welt dekorierten Lokal den angeblich besten Mojito Cubas (wirklich gut!) und/oder laben sich an deftiger Hausmannskost.

Calle San Ignacio 77, Altstadt, T 0 7867 3852, 8–10 CUC, So–Fr 13–22 Uhr

Einfach süß!
Casa del Chocolate 4

Schlemmen Sie zwischen Kakao-Exponaten heiße Schokolade und von Hand zubereitete Pralinen in Form von unterschiedlichen Tieren.

Calle Mercaderes, Ecke Amargura, Altstadt, tgl. 9–22 Uhr, ab 2 CUC

WOHIN IN HAVANNA?

Die Altstadt, Centro Habana oder Vedado – wo sollte man sein Nachtquartier aufschlagen? Lieben Sie koloniales Flair, sind Sie in der Altstadt mit ihren Pensionen und entzückenden, aber teuren Hotels (www.gaviotahotels.com) des Stadthistorikers (▶ S. 17) gut aufgehoben. Nachtschwärmer dürften Vedado bevorzugen. Ein Kompromiss ist Centro Habana, wo zudem die Zimmer am günstigsten sind. Allerdings sollten Sie hier spät abends ein Taxi nehmen. Und es gilt: Alle Unterkünfte frühzeitig reservieren!

Romantiker aufgepasst: Der Malecón, Havannas kilometerlange Uferpromenade, entfaltet bei Sonnenuntergang einen unwiderstehlichen Zauber.

Experimentierfreudig
Lamparilla Tapas y Cervezas ❺
Vom coolen Retrodesign über die innovative Küche bis hin zu den fantasievoll angerichteten Daiquiris zeigt der angesagte Laden viel Liebe zum Detail.
Calle Lamparilla 361, Altstadt, T 01 5289 5324 (mobil), tgl. 12–24 Uhr, Tapas um 4 CUC, Gerichte um 10 CUC

So viele Habaneros irren nicht
Los Nardos ❻
Üppig portionierte spanische Küche (gut: Paella, Lamm) im edel-rustikalen Look mit Kerzenlicht.
Paseo Martí 563, Altstadt, tgl. 12–24 Uhr (früh abends kurze Schlangen), 6–13 CUC

So beginnt ein guter Tag in Havanna
Café Arcángel ❼
Im schnuckeligen Café mit Mosaiktischchen und bunter Häuserfassade lässt es sich wunderbar frühstücken.
Calle Concordia 57, Centro Habana, T 0 7867 7495, www.cafearcangel.com, Mo–Sa 8.15–18.30, So 8.15–13 Uhr, 2–5 CUC

Hoher Wohlfühlfaktor
Siá Cará Café ❽
Im Lokal mit dem extravaganten Look kann man gemütlich in Sitzecken abhängen. Dazu noch ein leckeres, mit einem Cocktail garniertes Gericht – was will man mehr?
Calle Industria 502, Ecke Barcelona, Centro Habana, T 0 7867 4084, www.facebook.com/siakaracafecuba, tgl. 12–2 Uhr, 5–8 CUC

Cooles Design und toller Ausblick
Paladar Café Laurent ❾
Schon der Fahrstuhl mit seinen Zeitungsannoncen der 50er-Jahre ist speziell. Und oben locken die kreative Küche und ein toller Ausblick. Ein Volltreffer!
Calle M No. 257, zw. 19 u. 21, 5. OG, Vedado, T 0 7831 2090, www.facebook.com/restaurante paladarcafelaurenthabana, tgl. 12–24 Uhr, 10–15 CUC

Kreatives Konzept
Paladar Habana Blues ❿
Wurden Sie schon mal von Schauspielern bedient? Dass diese auch witzige

EXOTISCHE AUSFLÜGE

Buena Vista Curry Club 12
Das indische Restaurant lockt mit leckerem Brot aus dem Tandoori-Ofen, würzigen Speisen (z. B. Chicken Tikka Masala), gut bestücktem Weinkeller und abendlichem Live-Jazz.
Calle Tejadillo 24, Ecke Cuba, Altstadt, T 0 7862 7379, www.buenavistacurryclub.com, Mo–Fr 16–24, Sa, So 13–24 Uhr, 10–15 CUC

Tinhao 13
Im besten China-Restaurant schwenkt ein Koch aus dem Reich der Mitte den Kochlöffel so talentiert, dass viele asiatische Touristen vorbeischauen.
Calle San Lázaro 958, Centro Habana, T 0 7874 4189, auf Facebook, tgl. 11–23 Uhr, 5–12 CUC

Paladar Topoly 14
Beim ›Iraner‹ munden die Lammgerichte, die vegetarische Platte und das gute Frühstück. Als ›Beilagen‹ gibt's die Terrasse mit coolen Pop-Art-Porträts, Wasserpfeifen und Livemusik oder orientalischen Tanz.
Calle 23 No. 669, Ecke D, Vedado, T 0 7832 3224, auf Facebook, tgl. 9.30–24 Uhr, um 10 CUC

Einlagen einbauen, ist fast schon Ehrensache. Ach ja, das Essen ist übrigens auch gut.
Calle H 405, zw. 17 u. 19, Vedado, T 0 7835 6545, tgl. 12–23.30 Uhr, 3–8 CUC

Schnabulier-Schnäppchen
Cafetería Locos X Cuba 11
Das super sympathische Lokal kommt ohne Brimborium aus und überzeugt mit günstiger kreolisch-italienischer Küche.
Calle San Lázaro 1203 (altos), Ecke Basarrata, Vedado, T 0 7873 8182, auf Facebook, tgl. 10–23 Uhr, 4–7 CUC

🛍️ Stöbern & entdecken

Abstecher in die Vergangenheit
Memorias Antigüedades Librería 1
Tauchen Sie im charmanten Antiquitätenladen in vergangene Zeiten ein und wühlen sich durch alte Zeitungen, Postkarten, Werbeposter, Münzen, Zigarrenbanderolen und vieles mehr.
Calle Ánimas 57, Altstadt, Mo–Sa 9.30–17 Uhr

Einladung zum Stöbern
Piscolabis 2
Schöne Lampen, Taschen, Keramiken, Kissen, Flaschen und weitere kreative Einzelstücke – der Laden ist ein Stöberparadies! Das nette Café lädt zum Verweilen ein.
Calle San Ignacio 75, Altstadt, www.piscolabishabana.com, tgl. 9.30–19.30 Uhr

Kunst so weit das Auge reicht
Feria de la Artesanía 3
Der riesige Kunsthandwerksmarkt am Hafen bietet neben viel Mainstream auch originelle Einzelstücke.
Calle Desamparados, Ecke Cuba, Altstadt, tgl. 10–18 Uhr

Mall auf cubanisch
Carlos Tercero 4
Noch kein Einkaufsparadies, aber eine für cubanische Verhältnisse hohe Ladendichte.
Av. Salvador Allende, Centro Habana, Mo–Sa 10–19, So 10–14 Uhr

Auf eine Zigarre
Casa del Habano 5
Havannas bester Tabakladen lockt mit guter Auswahl und edler Raucherlounge.
Av. 5ta, Ecke 16, Miramar, Mo–Sa 10–18, So 10–13 Uhr

☀️ Wenn die Nacht beginnt

(Nicht nur) Erinnerungen an Hemingway gibt es in den beiden Bars **La Bodeguita del Medio** (▶ S. 16) und **El Floridita** (▶ S. 17) – einen Blick lohnen beide Establissements, was allerdings Heerscharen anderer Touristen auch wissen …

Buena-Vista-Revival
Tradicionales de los 50
Spitzenmusiker erfüllen das stimmungsvolle Burggewölbe mit alten Son-Klassikern. Zwar touristisch, aber dennoch gut.
Av. de Bélgica 504, Altstadt, T 01 5270 5271 (mobil), www.tradicionalesdelos50musica cubana.com, Show tgl. 21.30 Uhr, 30 CUC (inkl. 3 Drinks) oder 50 CUC (inkl. mäßigem Abendessen)

Breit aufgestellt
El Jelengue de Areito (Patio Egrem)
In einem ehemaligen Aufnahmestudio ertönt heute ein breites Liveprogramm mit Bands diverser Genres.
Calle San Miguel 410, Centro Habana, T 0 7862 0673, http://promociones.egrem.co.cu, Konzerte tgl. 17–21 Uhr, 5 CUC

Boleros für die Bohème
Gato Tuerto
Genießen Sie im ›Einäugigen Kater‹ neben Livemusik der ruhigeren Sorte (Son, Bolero) den Künstlerkneipen-Charme der 1950er-Jahre.
Calle O, zw. 17 u. 19, Vedado, T 0 7838 2696, tgl. 22–3 Uhr, 5 CUC

Stilvoll chillen
La Zorra y el Cuervo
Zum coolen Eingang durch eine britische Telefonzelle passen die chilligen Jamsessions der kleinen, aber feinen Latin-Jazz-Szene.
Calle 23, zw. N u. O, Vedado, T 0 7833 2402, auf Facebook, tgl. 22–2 Uhr, 10 CUC (inkl. 2 Drinks)

Sábado de Rumba
El Gran Palenque
Das namhafte Conjunto Folclórico Nacional führt immer wieder samstags sehenswerte afrocubanische Tänze auf.

Cubaner verstehen es, ausgelassen zu feiern. Und dazu laden nirgendwo so viele Clubs ein wie im temperamentvollen Havanna. Los, mittanzen!

Cubas künstlerischer Reichtum drückt sich nicht nur akustisch, sondern auch optisch aus – etwa in zahlreichen großflächigen Wandmalereien (›murales‹).

Calle 4 No. 103, zw. 5 u. 7, Vedado, Sa 15–18 Uhr, 5 CUC

Wunder-Bar
Café Madrigal 8

Die schummrige Kneipe lockt mit Ziegelgemäuer, Gemälde im Pop-Art-Look und ellenlanger Getränkekarte viele Künstler und Intellektuelle an. Ein toller Ort zum Vorglühen.

Calle 17 No. 809 (altos), Vedado, www.madrigal barcafe.wordpress.com, Di–So 18–2 Uhr

Beatlemania
Submarino Amarillo 9

Songtexte der Beatles zieren den angesagten Laden, in dem gute Bands für den rockig-akustischen Flow sorgen.

Calle 17, Ecke 6, Vedado, T 0 7830 6808, Di–Fr 14–19.30 und 21–2, Sa, Mo 21–2, So 14–22 Uhr, Livemusik ab 21 Uhr (So Matinée), 5 CUC

Tanz am Meer
1830 10

Der Hotspot der Salsa-Szene! Schwingen Sie unter freiem Himmel bei einer frischen Meeresbrise das Tanzbein. Mutige machen mit beim Gruppentanz ›Rueda de Casino‹.

Malecón, Ecke 20, Vedado, T 0 7838 3090, Do–Sa 20–24, So ab 18 Uhr, 5 CUC

Einfach kultig
Fábrica de Arte Cubano (FAC) 11

Der Fusion-Musiker X Alfonso hat hier ein Biotop der Kultur geschaffen!

In einer riesigen alten Fabrik locken Konzerte, Disco, Theater, Tanzperformances und und und.

Calle 26, Ecke 11, Vedado, T 0 7838 2256, www.fac.cu, Do–So 20–3 Uhr (früh kommen, sonst heißt es Schlange stehen)

Hier spielt die Musik
Café Cantante/Piano-Bar Delirio Habanero 12

Im Teatro Nacional heizen gleich in zwei kultigen Musiktempeln Bands ein, wobei es in der Piano-Bar (Son, Bolero, Feeling) meist ruhiger zugeht als im Keller des Café Cantante (Salsa, Funk-Fusion) mit anschließender Disco.

Calle Paseo, Ecke 39, Vedado, T 0 7878 4273, http://promociones.egrem.co.cu, Do–Sa 16 oder 22 Uhr, 5 CUC (Piano-Bar) bzw. Di–So jeweils 2 Konzerte von 17–20 und 21–3 Uhr, 10–20 CUC (Café Cantante)

Die ganz Großen …
Casa de la Música 13

Im legendären Musiktempel geben sich die Stars die Klinke in die Hand.

Av. 20 No. 3308, Ecke 35, Miramar, T 0 7204 0447 und 7202 6147, http://promociones. egrem.co.cu, tgl. 17–21 und 23–3 Uhr, 5 CUC bzw. 10–25 CUC

Kabarett der Träume
Cabaret Tropicana 14

Seit 1939 wirbeln die besten Tänzerinnen und Tänzer Cubas in einer Kostümschlacht über die Bühne. Danach

können Sie sich in der Disco selbst
austoben.

Calle 72 No. 4504, Ecke 43, Marianao, Reservieren unter T 0 7267 1717 und 0 7267 0110,
www.cabaret-tropicana.com, tgl. 20.30–2 Uhr,
ab 75 CUC

 Sport & Aktivitäten

Gut geführt
San Cristóbal ❶
Sehr gute Führungen zu Altstadtsanie-
rung, Architektur und vielem mehr.

Calle Oficios 52, Altstadt, T 0 7866 4102 und
7861 9171, auf Facebook, Mo–Fr 9–17.30,
Sa, So 9–13 Uhr, 15–40 CUC

Essenzielle Dinge …
Salsabor a Cuba ❷
Die sympathische Tanzschule lehrt
diverse Tanzstile sowie Spanisch und
Musik. Was braucht es mehr?

Calle Neptuno 558, Centro Habana, T 01 5439
5923 (mobil), www.salsaborcuba.com, tgl.
9–19 Uhr, ab 10 CUC/Std.

Per Drahtesel unterwegs
Cuba Ruta Bikes ❸
Endlich gibt es einen guten Radverleih
mit interessanten Stadttouren, auch
abseits der massentouristischen Pfade.

Calle 16 No. 152, Ecke 13, Vedado, T 01 5247
6633 (mobil), www.rutabikes.com, Mo–Sa
9–17 Uhr, Verleih ab 15 CUC/Tag oder 68 CUC/
Woche, Touren 30–40 CUC für 4–5 1/2 Std.

INFOS

Infotur: Calle Obispo 524, T 0 7866
3333, www.infotur.cu, tgl. 9.30–18 Uhr
Taxis: T 0 7855 5555, etwa 1 CUC/km.
Günstiger sind Cocotaxis (vor Capitolio
und Coppelia) oder Fahrradtaxis.
Busse: Víazul-Überlandbusse starten
vom Bahnhof in der Av. 26, Ecke Zooló-
gico, T 0 7881 1413. Der T3 der Habana
Bus Tour fährt vom Parque Central nach
Playas del Este und wieder zurück (tgl.
9–18 Uhr, 5 CUC).
Flughafen: Aeropuerto Internacional
José Martí, 20 km südl. des Zentrums,

internationale Flüge in Terminal 3,
T 0 7649 5666, 7266 4133). Taxi vom/
zum Zentrum 20–25 CUC. Fluggesell-
schaften in Calle 23, Ecke P, Vedado,
oder in Av. 5, zw. 76 u. 78, Miramar: Air
France, T 0 7206 4444; Condor, T 0 7833
3859/60; Cubana, T 0 7834 4446

TERMINE

Feria Internacional Cubadisco: Mitte
Mai, www.facebook.com/cubadiscoferia,
neueste Trends der cubanischen Musik
**Festival Internacional del Nuevo
Cine Latinoamericano:** Anfang Dez.,
www.habanafilmfestival.com, berühm-
testes Filmfestival Lateinamerikas
Festival de Jazz Plaza: Mitte Dez.,
www.jazzcuba.com, Jazzfest mit internationalen Topmusikern

IN DER UMGEBUNG

Zu Besuch beim alten Haudegen
Etwa 12 km südöstlich des Zentrums
lebte der US-Autor Ernest Hemingway
von 1939–1960 auf der **Finca La Vigía**
inmitten Tausender dicker Wälzer und
Zeitschriften und jeder Menge Jagdtro-
phäen. ›Papa‹ liebte Cuba und schrieb
hier Bestseller wie »Der alte Mann und
das Meer« und »Inseln im Strom«. Er war
mit vielen Fischern eng befreundet und
fuhr in den hiesigen Gewässern gerne mit
seiner Jacht ›Pilar‹ (zu sehen im Garten)
zum Hochseefischen.

Über Carr. Central de Cuba zu erreichen, Mo–Sa
10–17, So 10–13 Uhr, bei Regen geschl., 5 CUC,
Fotos 5 CUC

Die Badewanne der Habaneros
Ein Traumstrand direkt vor den
Toren einer Millionenstadt? In der
Tat, und auch noch kinderleicht per
Tagesausflug zu erreichen (s. l.). Wer
gleich länger an den **Playas del Este**
bleiben will, findet am schönsten
Strandabschnitt in Santa María del
Mar einige All-inclusive-Hotels und
weiter östlich in Guanabo günstige
Pensionen.

Auf dem Totenacker – **Cementerio Colón**

Ein endloser Ozean aus weißem Marmor tut sich vor dem Besucher auf, eine Welt voll würdevoller Engel, leidender Madonnen, sagenhafter Gestalten. Lassen Sie sich durchs steinerne Gräbermeer des Städtischen Friedhofs treiben und küren Sie Ihren Favoriten unter den verspielten bis monumentalen Ruhestätten.

Havanna, Mitte des 19. Jh.: Die brummende Wirtschaft hatte einen Run auf die Stadt ausgelöst, dem diese kaum gewachsen war. Erst recht nicht ihre Friedhöfe, die nun aus allen Nähten zu platzen drohten. Als dann 1867 auch noch eine Choleraepidemie grassierte, musste ein neuer Totenacker her, und zwar ein großer. Von 1871 bis 1886 entstand der **Cementerio Colón** `25`, einer der größten Friedhöfe der Welt. Auf fast 6 km² breiten sich rund 1 Mio. Gräber aus, darunter 50 000 Familiengrabstätten und Mausoleen. Viele Berühmtheiten liegen hier unter der Erde – in relativ bescheidenen Gräbern. Nicht so die Adelsfamilien! Sie konkurrierten noch nach dem Tod um die prunkvollste Grabstätte.

Atemberaubender Auftakt

Schon das riesige **Tor des Friedens [1]** am nördlichen Haupteingang weckt hohe Erwartungen. Ganz oben symbolisieren drei Figuren die christlichen Tugenden Glaube, Liebe und Hoffnung. Südöstlich in der Calle D/Ecke 5 ragt das **Mausoleo de José Gener y Batet [2]** stolze 20 m empor. Don José scheint noch postmortal Schutz zu brauchen: 14 Engel wachen rund um den weißgelben Marmorbau über seinen ewigen Schlaf.

Imposante Hingucker

An der Plaza Colón gedenkt das **Mausoleo a los Estudiantes de Medicina [3]** acht Medizinstudenten, die 1871 wegen angeblicher Grabschändung hingerichtet wurden. Drei Figuren kritisieren den ungerechten Prozess: In der Mitte schaut die Unschuld aus dem Fenster, links blickt die Gerechtigkeit, rechts die öffentliche Aufmerksamkeit herab.

Täglich beten Schwangere und Mütter von Kleinkindern vor »La Milagrosa« für die Gesundheit ihrer Kinder.

TREUE SEELE

Selbst Tiere fanden hier ihre letzte Ruhe. Etwa der **Hund Rinti [14]**, der sich am Grab seines Frauchens (Av. Fray Jacinto, Ecke 14) so lange weigerte zu fressen, bis er selbst dahinschied.

Das ebenso beeindruckende **Mausoleo de Bomberos [4]** an der Avenida Colón ist Feuerwehrleuten gewidmet, die 1890 bei einem Brand ums Leben kamen. Kein anderes Grab ist so reich verziert, ließ die Heldentat doch Spenden in Massen fließen.

Sehenswert sind auch die **Grabkapellen Tirso Mesa [5]** und **Aspuru [6]**, die **Pyramiden von José F. Matta [7]** und **Falla-Bonet [8]** sowie die **Gotikbauten von Franchi-Alfaro [9]** und der **Asociación Vasco-Navarra [10]**. Schon von Ferne zieht die 28 m hohe romanische **Capilla Central [11]** Blicke auf sich (im Inneren Fresken des Jüngsten Gerichts).

Sagenhaftes und Skurriles

Allem Prunk zum Trotz – kein Grab ist berühmter als jenes von **La Milagrosa [12]**, der Wundertätigen. Erstarrt in Marmor, umfasst Amelia Goyri ein Kreuz und einen Säugling. Sie kam bei einer Totgeburt ums Leben und wurde – so sagt es die Legende – mit ihrem Säugling zwischen den Beinen begraben. Bei der Exhumierung nach einigen Jahren lag das Kind an ihrer Brust!

Domino ist eine cubanische Passion. Zum Glück nehmen die meisten das Spiel leichter als Juana Martín, die angespannt darauf wartete, ihren letzten Stein zu legen. Als die Gegner ihr zuvorkamen, starb sie vor Ärger auf der Stelle an Herzversagen. Die verdammte Doppel-Drei ziert als Marmorplatte **Juana Martíns Grab [13]** an der Calle G/Ecke 6.

INFOS/ÖFFNUNGSZEITEN
Cementerio Colón 25:
Calzada de Zapata, Ecke 12, tgl. 8–17 Uhr, 5 CUC; s. auch Cityplan S. 18

PAELLA UND CO. –
DIE KÜCHE VALENCIAS
Im **Paladar La Barraquita** 16 kommen vor allem Meeresfrüchte auf den Tisch (Calle 19 No. 1010, Ecke 12, T 0 7831 8847, www.labarraquita delahabana.com, tgl. 12–24 Uhr, 9–13 CUC).

Westcuba

Willkommen im ›Garten Cubas‹! Diesen Titel verdient sich der Westen mit sattgrünen dichten Wäldern rund um Soroa und Las Terrazas und mit dem größten Sumpfgebiet der Karibik, der Ciénaga de Zapata. Oder mit sandigen Paradiesen voller submariner Wunderwelten wie María La Gorda, Cayo Levisa und Playa Jibacoa. Überirdisch schön präsentiert sich Mutter Natur sogar unter der Erde in den Cuevas de Bellamar. Und fast nicht von dieser Welt scheint das Viñales-Tal zu sein, wo der Welt bester Tabak gedeiht.

Sierra del Rosario

📖 D 3

Rund 60 km südwestlich von Havanna erstrecken sich die Hügel von Cubas ältestem Biosphärenreservat. Im Dschungel verstecken sich mit den Ökodörfern Soroa und Las Terrazas zwei Horte der Ruhe, wie geschaffen für Trips ins Grüne.

Grüne Oasen
In **Soroa** lockt der **Salto del Arco Iris** (tgl. 8–17 Uhr, 3 CUC) mit Badepools. Noch mehr Naturschätze gedeihen im **Orchideengarten** (tgl. 8.30–16.30 Uhr, 3 CUC, Fotos 1 CUC), nämlich 6000 Pflanzenarten aus aller Welt. In der Blütezeit von Dezember bis März sind die 700 Orchideenarten die Königinnen. Wie grün es rund um Soroa wuchert, offenbart der Panorama-Hügel **Mirador de Venus**. Weitere Wanderungen bietet 15 km nordöstlich **Las Terrazas** (▶ S. 40).

🏠 Farbtupfer im Wald
Doña Dunia
Rund um die bunte Fassade dieser Komfort-Pension sprießt ein Garten, dahinter der Wald.
Carretera Soroa KM 8,5, T 01 5331 2843 (mobil), rentroomsdonadunia@nauta.cu, DZ 25 CUC

Schön, nicht? Die artenreiche Flora Cubas ließ schon Kolumbus ins Schwärmen geraten.

Pinar del Río 📖 C 4

Es waren die Pinien am Flussufer, die der Hauptstadt (140 000 Einw.) der gleichnamigen Provinz 1778 ihren Namen verliehen. Bald spross mit dem Tabak eine weitere Pflanze. Denn da in Zentralcuba Zuckerbarone das Zepter schwangen, mussten die Tabak-Kleinbauern nach Westen ausweichen. Glück im Unglück, fanden sie hier doch ideale Bedingungen für ihr anspruchsvolles Gewächs vor.

Kunstwelten
Pinars Siegeszug im Zeichen der Rauchware schlug sich in Bauten des Jugendstils und Klassizismus an der Hauptstraße Calle Martí nieder; die Stadt galt bald als ›Paradies der Säulen‹. Wow-Effekte erzeugt der kuriose **Palacio Guasch** (Calle Martí Este 202), in dessen Fassade Fabelwesen mit Arabesken und gotischen Türmchen um Aufmerksamkeit ringen. Das Naturkundemuseum im Innern können Sie sich dagegen schenken. Auch weiter westlich bleibt es atemberaubend: Die **Fábrica de Tabacos Francisco Donatién** (Calle Maceo Oeste 157, Mo–Fr 9–12, 13–16 Uhr, Führung 5 CUC, keine Fotos) ist erfüllt vom Aroma der Tabakblätter. Die filigranen Hände von rund 200 Tabakdrehern verarbeiten diese bis zur kunstvollen Markenzigarre, die besten bringen es auf über 100 Stück pro Tag. In der **Casa Pedro Pablo Oliva** erschafft einer der besten Maler Cubas weitere Meisterwerke (Calle Martí Oeste 160, n.V.: T 01 4875 3117 oder mobil 01 5281 2532, www.pedropablooliva.com) – seine Kunst ist erfüllt von Symbolismen.

🏠 Kolonial und komfortabel
Casa La Nonna
Von der farbenfroh-schmucken Einrichtung über das gute Essen bis zu den englischsprachigen Vermietern überzeugt die Pension auf ganzer Linie.
Calle Máximo Gómez Este 161, Ecke Ciprian Valdés, T 01 4877 0777 und 01 5274 7248 (mobil), elmoro75@nauta.cu, DZ 30 CUC

🍹 Ein guter Start in den Tag
Café Ortuzar
… er könnte hier aber auch enden. Denn neben dem leckeren Frühstück serviert das süße Café mit Terrasse kreative Hauptgerichte und klasse Cocktails.
Calle Marti Este 127, T 01 4875 1111, tgl. 6.30–1 Uhr, um 6 CUC

☼ Es muss nicht das Tropicana sein
Cabaret Rumayor
Hier sorgt eine abgespeckte Provinz-Show für Stimmung. Kommen Sie am frühen Abend und genießen im Restaurant nebenan noch ein geschmortes Hühnchen (5 CUC), die Spezialität des Hauses.
Carretera Viñales KM 1,5, T 01 4876 3007/51 (reservieren), Fr/Sa ab 22 Uhr, 5 CUC

❶ Infos
Infotur: Calle Martí Oeste 103 (Hotel Vueltabajo), T 01 4872 8616, tgl. 9.15–12, 12.30–17.15 Uhr
Busse: Víazul, Calle Adela Azcuy, Ecke Colón, 1–2 x tgl. nach Viñales, Havanna und Trinidad

Viñales-Tal 📖 C 3

Schon der hübsche, entspannte Ort Viñales strahlt Flair aus. Doch das umgebende Tal Valle de Viñales (📖 S. 44) toppt mit seinen spektakulären Felsformationen alles!

Magische Momente
Stimmen Sie sich mit einem grandiosen Panorama am Mirador beim **Hotel Los Jazmines** 1 (▶ S. 44) ein. Seine ganze Pracht entfaltet das Tal bei Sonnenaufgang: Früh morgens taucht die Senke oft im Nebelmeer unter, aus dem die leuchtenden Felskegel wie Inseln emporragen. Aber auch tagsüber kann man sich kaum sattsehen. Bauerngehöfte verteilen sich über die Weite des Tals. Aus der Ferne leuchten die schlanken Stämme von Cubas Nationalbaum, der Königspalme. Tauchen Sie bei einer Wanderung, z. B. um den **Mogote del Valle** 2 – 7 (▶ S. 42) tiefer in das ländliche Szenario ein. Kein Wunder, dass der berühmteste

ÜBRIGENS
Ostfriesenwitze gibt es auch in Cuba. Hier sind die Pinareños die Opfer, die angeblich ihre eigene Feuerwehrstation abbrennen ließen und sich beim Hausbau selbst eingemauert haben sollen …

Aussichtspunkt Besuchermassen anzieht! Ihnen ist es hier zu voll? Dann schauen Sie am **Mirador Loma del Fortín** (▶ S. 45) oder bei den Restaurants **Paladar Balcón del Valle** und **Finca Agroecológica El Paraíso** (▶ S. 45) vorbei.

Ab in die Unterwelt!
Unzählige Höhlen durchziehen die Karstfelsen, doch keine ist so spektakulär wie die **Gran Caverna de Santo Tomás** 8. Schließlich handelt es sich um eine der größten Höhlen Mittelamerikas – mit Dolinen, tollen Formationen und Gängen in Gesamtlänge von 46 km. Mit dieser Höhlenerfahrung sind Sie gut bedient – die viel kleineren Kavernen **Cueva de José Miguel** und **Cueva del Indio** nördlich von Viñales sind Touristenfallen und lohnen in erster Linie wegen der reizvollen Umgebung.
18 km südwestl. von Viñales beim Weiler El Moncada; Führer im Höhlenforschungszentrum, tgl. 9–15 Uhr, 10 CUC

Wie zu Hause, nur besser
Villa Cristal ❶
Eine tolle Mischung: Zwei schöne Zimmer, hübscher Garten mit Terrasse und Whirlpool, leckeres Essen und herzliche englischsprachige Vermieter.
▶ S. 44, Calle Rafael Trejo 99, T 01 4879 3120 und 01 5270 1284 (mobil), www.villacristalcuba.com, DZ 25 CUC

Hammer-Ausblick
El Porry 2
Die sechs z. T. kleinen Zimmer sind Standard, aber die Dachterrasse hat es in sich (▶ S. 44).

Kunst trifft Natur –
Las Terrazas

Modelldörfer können langweilig sein. Nicht so Las Terrazas. Was hier aus einer verwüsteten Gegend geschaffen wurde, beeindruckt und gilt heute als Vorbild für nachhaltige Entwicklung. An diesem wildromantischen Ort gedeihen nicht nur Pflanzen, sondern auch kreative Ideen.

Bei derart dicht bewaldeten Hügeln käme niemand auf die Idee, dass hier vor Jahrzehnten Ödnis herrschte. Kahlschlag, Brände und falsche Anbautechniken hatten die Hänge entwaldet. 1968 fiel der Startschuss für ein Mammutprojekt: Die verarmten Bauern legten zahlreiche Terrassen an und pflanzten Millionen von Bäumen. Danach bauten sie den Ort Las Terrazas auf und ließen sich dort, gut versorgt mit sozialen Einrichtungen, nieder. 1985 erklärte die Unesco die umgebende Sierra del Rosario zu Cubas erstem Biosphärenreservat. Seither stieg das 1000-Einwohner-Dorf zum Ökotourismuszentrum auf.

Mutter Natur als Muse

Farbtupfern gleich liegen die Häuser am Lago San Juan. Eine Idylle, die viele Künstler inspiriert. Zu den kreativsten Köpfen zählen der renommierte **Lester Campa** `1` (magische Landschaftsbilder) und **Jorge Duporté** `2` (Blumen-Aquarelle). In **Ariel Gatos** `3` Leinendrucken verschmelzen Natur und bäuerlicher Alltag auf surrealistische Weise; bei **Henry Aloma** `4` sind es Vögel und Gebrauchsgegenstände.

Die **Casa-Museo de Polo** `5` dokumentiert Polo Montañez' Leben (1955–2002), der abends die Holzfäller-Axt gegen die Gitarre eintauschte und leidenschaftliche Balladen über das ländliche Leben schrieb. Tragischerweise verunglückte der Guajiro-Musiker kurz nach seinem Durchbruch.

Paradiesisches Grün

Doch zurück ins Leben. Paradiesisch grün wuchert es rund um den Ort, etwa bei den Naturpools **Baños del Río San Juan** `6`. Zwei schöne Wanderungen enden dort: Der **Sendero El Taburete**

Nirgendwo in Cuba wird Umweltschutz größer geschrieben als in Las Terrazas. Vielleicht kann man sich dort ja noch was abschauen?

Lust auf ein ganz anderes Dschungelerlebnis? Dann sausen Sie in Baumkronenhöhe über ein Drahtseil von Plattform zu Plattform (35 CUC, zu buchen über das Infozentrum **Rancho Curujey** `1` oder das **Hotel Moka** `1`).

(7,5 km) führt über den 452 m hohen Loma El Taburete und der **Sendero El Contento** (9 km) um den Hügel herum. Mit etwas Glück erblicken Sie Cubas Nationalvogel Tocororo oder Kolibris, die wie glitzernde Edelsteine durch die Lüfte flitzen.

Motorisierte kommen über eine Straße zur Badestelle, wie auch zum **Cafetal Buenavista** 7. Dies ist die am besten restaurierte Kaffeefinca der über 50 Ruinen der Region. Sie sind Zeugnisse des Kaffeebooms, den die vor Haitis Sklavenrevolte geflohenen Franzosen hier Ende des 18. Jh. auslösten.

INFOS/ÖFFNUNGSZEITEN

Künstlerstudios 1–4: tagsüber geöffnet

Casa-Museo de Polo 5: tgl. 9–17 Uhr, 1 CUC

Baños del Río San Juan 6: 3 km südöstl. des Ortes, tgl. 9–18 Uhr, 2 CUC

Cafetal Buenavista 7: 5 km nordöstl. des Ortes, tgl. 9–17 Uhr

Infozentrum Rancho Curujey 1: Lago Palmar, T 01 4857 8555, www.lasterrazas.cu, tgl. 9–17 Uhr; Wanderungen mit Führer 20 CUC pro Person, vorab zu reservieren

IM GRÜNEN ÜBERNACHTEN

Das **Hotel Moka** 1 (im Ort, T 01 4857 8600/01, www.lasterrazas.cu, DZ 120 CUC) bietet tolle Ausblicke. Im **Campamento del San Juan** 2 (Baños del Río San Juan, T 0 7204 6108, www.lasterrazas.cu, DZ 30 CUC) stehen zwölf einfache Hütten mit Gemeinschaftsbad.

VEGETARISCH VERWÖHNT

Das Restaurant **El Romero** 1 (im Ort, T 01 4857 8555, tgl. 9–21 Uhr, um 10 CUC) tischt fantasievolle Gerichte aus organisch angebauten Zutaten auf.

Faltplan: D/E 3 | Anfahrt: von Havanna Autopista bei Km 51 nach Norden abbiegen (5 km bis Eingang); Viazul-Busse (www.viazul.com) 1 x tgl. nach Viñales / Havanna

41

5

Wandern im Wunderland – **Valle de Viñales**

Wie schlafende Elefanten liegen mächtige Felsbuckel in einer weiten Talsenke. Zu ihren Füßen gedeiht der beste Tabak der Welt auf rostroten Böden. Können Natur und Kultur harmonischer verschmelzen als in dieser fast surrealistischen Szenerie?

Besucher fühlen sich im Viñales-Tal in eine Urzeitlandschaft versetzt. Zu Recht, denn es zählt zu Cubas ältesten geologischen Formationen. Vor über 150 Mio. Jahren bildeten sich die charakteristischen *mogotes* heraus, wie die Kalkfelsen dieser Tropenkarst-Landschaft genannt werden. Ihr Kosename ›Elefantenrücken‹ klingt aber viel charmanter. Schon von den Aussichtspunkten kommt ihr Zauber gut rüber. Doch am intensivsten erfahren Sie das Tal per Rad oder per pedes, etwa bei einer Umrundung des mächtigsten Buckels **Mogote del Valle.**

Himmlisches Tal mit teuflischem Kraut

Verlässt man Viñales nordwärts über die Calle Adela Azcuy, fällt schnell die intensive agrarische Nutzung des Tals auf. Beim blauen Haus am Ortsausgang können Sie einen **Tabaktrockenschuppen** besichtigen, einem Dreher auf die Finger schauen, und Zigarren *(puros)* kaufen. Das ›Teufelskraut‹ gilt in der Alten Welt übrigens bereits seit dem 17. Jh. als salonfähiges Genussmittel.

Anfang November kommen die zarten Sprösslinge vom Gewächshaus auf die Felder. Ende Januar beginnt die Ernte. Die Blätter kommen zur zweimonatigen ›Schwitzkur‹ in Trockenscheunen, wo sie sich braun verfärben. Anschließend werden sie mehrere Monate fermentiert und nach Aroma, Stärke und Brennbarkeit sortiert. Zuletzt landen sie in den geschickten Fingern der Zigarrenroller.

Doch König Tabak regiert längst nicht überall. Nur einige Hundert Meter weiter gedeihen auf der **Finca Raúl Reyes** 3, einer der größten und bekanntesten des Tals, andere Nutzpflanzen. Neben einer

S
SENSIBELCHEN

Bis zu 2 m hoch kann die sensible **Tabakpflanze** werden – fachkundige Pflege vorausgesetzt. Etwa 160 manuelle Arbeitsschritte stecken später im exquisiten Glimmstängel. Nicht umsonst behauptet ein cubanisches Sprichwort: »Den Tabak kannst du nicht einfach pflanzen. Du musst ihn heiraten.« Schon die Indianer liebten das Kraut und inhalierten den Rauch in heiligen Ritualen. Die spanische Obrigkeit verurteilte die Pflanze dagegen als »Versuchung des Teufels«, und einige Kirchenväter schrieben gar die Bibel um: Adam sei kein Apfel, sondern Tabak gereicht worden.

Das Viñales-Tal ist 10 km lang und 4 km breit und setzt sich eigentlich aus mehreren Tälern zusammen, eines zauberhafter als das andere.

Erfrischung lockt hier die buchtförmige Almwiese **Ensenada de Raúl** 4 mit Panoramablick.

Grüner Streifzug mit buntem Finale

Ein anderer Weg führt von der Finca zur **Cueva de la Vaca** 5, die ein kurzer Tunnel bis zum Hinterausgang durchquert. Sehen Sie von dort in der Ferne den mächtigen **Kapokbaum** 6? Das ist Ihr nächstes Ziel. Achten Sie mal auf das Wurzelwerk: Kleine Opfergaben verweisen auf die religiöse Bedeutung der *ceiba,* in deren Krone laut afrocubanischem Santería-Kosmos die Götter zu finden sein sollen.

Nun geht es an der stark eingebuchteten Nordseite des Mogote del Valle entlang. Zur Rechten breitet sich das idyllische Tal aus, als buntes Patchwork aus Feldern, grünen Wiesen, rustikalen Gehöften und dem im Norden aufragenden Höhenzug der Sierra de Viñales. Übrigens war der Mogote del Valle wie seine kleineren buckligen Nachbarn vor Jahrmillionen mal eine Höhlensäule. Bis sich unterirdische Flüsse so weit durch das weiche Kalkgestein gefressen hatten, dass die Decken einbrachen und nur die Säulen stehen blieben. Wind und Wasser modellierten sie nach und nach zu runden Hügeln. Nicht nur ihre Form, sondern auch ihr dichtes Pflanzenkleid machen die Felskegel so attraktiv. Dabei herrschen auf ihnen eigentlich ungünstige Bedingungen, da Niederschläge sofort in unzähligen Spalten versickern. Doch hatten die oft endemischen, also ausschließlich auf den Kuppeln wachsenden Arten, viel Zeit, sich an das trockene Milieu anzupassen.

ÜBRIGENS

Wussten Sie, wie die Zigarrenmarken ›Montechristo‹ und ›Romeo y Julieta‹ zu ihrem Namen kamen? Es waren die Bücher »Der Graf von Monte Christo« und »Romeo und Julia«, die sich die Tabakdreher von den Vorlesern, die bis heute unterhalten, am häufigsten gewünscht hatten.

Das ›braune Gold‹ – Rohstoff für die besten Zigarren der Welt.

Zum Schluss treibt es die Kultur mit der Natur besonders bunt. An der Steilwand des Felsens Dos Hermanas prangt das **Mural de la Prehistoria** [7], ein 120×80 m großes, wenig filigranes Werk des Mexikaners Leovigildo González Morillo. Es stellt die Evolution von der Urzeit bis zum Menschen dar. Wie man so etwas Monumentales schafft? Morillo engagierte Bauern, die an Seilen vor der Wand hingen, betrachtete seine ›Leinwand‹ mit dem Teleskop und gab per Megafon Anweisungen, wie die Umrisse zu ziehen seien. Fünf lange Jahre wurden die Pinsel geschwungen; mehr als 6000 l Farbe sog das Gestein auf. Beeindruckend, aber irgendwie ist Mutter Natur ›ungeschminkt‹ doch immer noch am schönsten …

INFOS/ÖFFNUNGSZEITEN

Mural de la Prehistoria [7]: tgl. 9–19 Uhr, 3 CUC (inkl. Getränk). **Wanderung:** Der leichte Weg führt meist über flaches Gelände (3–4 Std., nach stärkerem Regen sind die schlammigen Pfade allerdings nur bis zum Kapokbaum passierbar). Vom Mural fährt die Viñales Bus Tour (letzter Bus um 17 Uhr) zurück in die Stadt.

›NATURNAHE‹ KÜCHE

Schon ihrer traumhaften Lage wegen ist in der **Cafetería El Corazón del Valle** [1] (tagsüber, nur Snacks und Säfte) ein Päuschen wärmstens zu empfehlen. Inmitten von buntem und grün bewachsenem Fels tischt das **Restaurante Mural** [2] (tgl. 9–17 Uhr, Menü 15 CUC) leckeres geschmortes Schweinefleisch auf.

Calle Policlínico final, T 01 4868 4354 und
01 5331 1744 (mobil), casaelporri@gmail.com,
DZ 20–25 CUC

Willkommen im Paradies
Casa Jardín Botánico ❸
Im verwunschenen Botanischen Garten
können Sie nicht nur spazieren, sondern
auch in einem bunten, geräumigen
Zimmer mit Terrasse nächtigen.
▶ S. 44, Calle Salvador Cisneros 5 (nördl.
Ortsausgang), T 01 4879 6274 & 01 5445 2207
(mobil), carmen.ll@nauta.cu, DZ 20–25 CUC

Tapas satt
3 J Bar de Tapas ❸
Im beliebten Treffpunkt sitzt es sich nett,
während innovative Tapas und große
Cocktails den Gaumen verwöhnen.
Häufig Livemusik.
Calle Salvador Cisneros 45, T 01 4879 3334, tgl.
8–3 Uhr, 4–10 CUC

Augenschmaus
Paladar Balcón del Valle ❹
Zehn Punkte für den sagenhaften Aus-
blick aufs Tal. Und auch die kreolische
Hausmannskost braucht sich nicht zu
verstecken.
Beim Centro de Visitantes, T 01 4869 5847,
tgl. 8–22 Uhr, um 8 CUC

Wo Öko-Herzen höher schlagen
Finca Agroecológica El Paraíso ❺
Die ökologische Musterfarm könnte kaum
schöner liegen. Der Tal-Blick…! Die
knackfrischen Produkte sind super lecker.
2 km nordöstl. von Viñales, anmelden unter
T 01 5818 8581 (mobil), tgl. 12–14, 18–21 Uhr,
Buffet 12 CUC

Noch mehr sehen
Cubanacán ❶
Ausflüge (hin und zurück, Pass mitneh-
men) nach María La Gorda (45 CUC),
Cayo Levisa (35 CUC inkl. Fähre) und
Cueva Santo Tomás (21 CUC).
Parque Central, T 01 4879 6393, tgl. 8–20 Uhr

Von Plattform zu Plattform
Canopy Tour El Fortín ❷
4 km westl. von Viñales, beim Loma del Fortín,
T 01 5211 3369 (mobil), tgl. 9–17 Uhr, 15 CUC

MOBIL IM TAL

Die Attraktionen des Viñales-Tals
verteilen sich weitläufig. Reservie-
ren Sie sich also ein **Rad** (auf der
Hauptstraße von Viñales, 1 CUC/
Std., 6 CUC/halber Tag, 12 CUC/
ganzer Tag) oder nutzen Sie die
Viñales Bus Tour (tgl. 9–19 Uhr,
Stopps am Zentralplatz und an
allen Sehenswürdigkeiten im Tal,
Tagesticket 5 CUC).

Wandern mit Führer
Das **Museo Adela Azcuy** ❸ (Calle
Salvador Cisneros 115, Di–Sa 9–21,
So 9–16 Uhr) und das **Centro de
Visitantes** ❹ (3 km südwestl. von
Viñales, T 01 4879 6144, pnvinales.
webcindario.com, tgl. 8–18 Uhr) haben
mehrstündige Touren (Start um 9
und 14 Uhr, reservieren, 10 CUC) im
Angebot.

❶ Infos & Termine
Infotur: Parque Central,
T 01 4879 6263, Mo–Sa 8.30–17 Uhr
Busse: Víazul, Parque Central, 1–2 x tgl.
nach Havanna und Trinidad

IN DER UMGEBUNG

Karibik in Reinform
Rund 50 km nordöstlich von Viñales
lockt das paradiesische Inselchen
Cayo Levisa (🗺 C 3) mit 3 km langem Traumstrand und 23 Tauchspots.
Einen längeren Inselurlaub macht
die Villa Cayo Levisa möglich, die
auch über ein Tauchzentrum und ein
(schlechtes) Restaurant verfügt. Pensionen beim Fährhafen, beispielsweise
die Casa Mario y Antonia, beherbergen
Tagesausflügler.
Anreise mit der Fähre von Palma Rubia tgl. um
10 und 18 Uhr, Rückfahrt tgl. um 9 und 17 Uhr
(25 CUC hin und zurück; Pass mitnehmen); Villa
Cayo Levisa, T 01 4875 6501, www.hotelcayo
levisa-cuba.com, DZ 120–140 CUC (all-inclusive, reservieren); Casa Mario y Antonia,
T 01 5353 6310 (mobil), DZ 25 CUC

María La Gorda & Umgebung 🗺 B 5

Tief im Westen, wo im 16. und 17. Jh. Seeräuber der Silberflotte auflauerten, endet nicht nur Cuba, sondern auch die Zivilisation. Mutter Natur führt hier ungestört Regie und hat Sandstrände mit transparentem Wasser und eines der besten Tauchgebiete Lateinamerikas erschaffen. Zudem locken Ausflüge ins Unesco-Biosphärenreservat der Península de Guanahacabibes.

🏠 Überteuert, aber alternativlos
Villa María La Gorda
Wer bleiben will, findet nur ein Hotel (reservieren). Zunächst wirken die Bungalows angenehm rustikal, doch sind sie abgewohnt und das Essen ist schlecht.
T 01 4877 8131, www.villamarialagorda.com, DZ 60–80 CUC

🌀 Unter Wasser
Centro de Buceo
Ausflüge zu Riffen, Unterwasserhöhlen und Wracks.
Neben dem Hotel, www.villamarialagorda.com

🌀 Am Ende der Welt
Estación Ecológica in La Bajada
Mit einem Führer können Sie es den Wildrindern, Baumratten (*jutías*), Leguanen, Kolibris und Papageien gleichtun und durch die Buschwälder der Península de Guanahacabibes (🗺 A/B 4/5) streifen. Von Mai bis Oktober legen Meeresschildkröten an den Stränden ihre Eier ab.
Führer an der Ökostation in La Bajada, T 01 4875 0366, www.png.ecovida.cu, tgl. 9–16 Uhr, Wanderung 8 CUC, Mückenschutz notwendig

Matanzas 🗺 G 2/3

Die Hauptstadt (140 000 Einw.) der gleichnamigen Provinz schmiegt sich an eine weite Bucht und wirkt verschlafen. Dabei befinden Sie sich in einer ehemaligen Kulturmetropole. Im 19. Jh. türmte sich in Matanzas die Hälfte der nationalen Zuckerproduktion, nirgendwo sonst gingen so viele Sklavenschiffe vor Anker. Der Boom der süßen Kristalle machte die Küstenstadt zur zweitgrößten des Landes und zum ›Athen Cubas‹.

Mit viel Glück bekommen Taucher in der artenreichen Unterwasserwelt auch einen der pfeilschnellen Barracudas zu sehen.

Dem Zucker-Reichtum sei dank?

Nach Matanzas fließen weniger Restaurationsgelder, aber das Zentrum wurde bereits aufgehübscht. Auch das **Teatro Sauto**, die größte Perle der Stadt, soll Ende 2018 wieder erstrahlen (Plaza de la Vigía). Das neoklassizistische Theater von 1862 beeindruckt mit herrlichen Deckenmalereien und großartiger Akustik. An wohlhabende Zeiten erinnert auch das **Museo Farmacéutico** (Parque Libertad, Mo–Sa 10–17, So 10–16 Uhr, Führung 3 CUC). Die Zedernholzregale der Apotheke (1882) füllen antike Porzellanfläschchen aus Frankreich und Glasbehälter aus Böhmen, alte Rezepte und Geräte zur Arzneimittelherstellung.

Kunst für Klein und Groß

In der **Galería El Retablo** schlagen Kinderherzen höher: überall liebevoll gestaltete Marionetten. Am Wochenende werden sie zu Bühnenstars. In der super Snackbar nebenan bekam Pelusín del Monte (▶ S. 120) einen Ehrenplatz (Calle 288, Ecke 85, Galerie Mo–Sa 9.30–12, 13.30–16 Uhr, Aufführungen Sa, So um 10 Uhr; Bar tgl. 10–24 Uhr). In der **Galería-Taller Lolo** (Calle 97, zw. 280 u. 282, www.osmanybetancourt.com, Mo–Sa 9–19 Uhr) geht es mit z. T. morbiden Skulpturen und bunten Keramiken noch beeindruckender zu. Die afrocubanisch gestaltete Gasse **Callejón de las Tradiciones** (Calle 284, zw. 117 u. 119, www.afroatenas.cult.cu, Sa um 17 Uhr oft Rumbakonzerte), ein bedeutendes Sozial- und Kulturprojekt, symbolisiert die starke kulturelle Identität des Viertels.

🏠 Adel verpflichtet
Hotel E Velasco

Mit seiner ansehnlichen Lobby, gutem Restaurant und 17 komfortablen Zimmern ist der neoklassizistische Palast das Aushängeschild der Stadt.
Parque Libertad, T 01 4525 3880, www.cubanacan.cu, DZ ab 60 CUC

🏠 Das große Los
Hostal Evelio

Hier stimmt das Gesamtpaket: zwei Zimmer mit Safe und Balkonblick, Garage, ein lustiger Vermieter und tolles Essen.
Calle 79 No. 28201, zw. 282 und 288, T 01 4524 3090 und 01 5281 4966 (mobil), evelioisel@yahoo.es, DZ 20–25 CUC

🍽 Cucina italiana
Le Fettuccine

Aufgepasst, so leckere Pasta wie in diesem Minilokal findet man auf Cuba selten. Auch zum Mitnehmen.
Calle 83 No. 29018, Ecke 292, T 01 5412 2553 (mobil), auf Facebook, tgl. 12–21 Uhr (reservieren), ab 5 CUC

🍽 Gut und günstig
Paladar El Chiquirrín

Mit kleiner, aber feiner Speisekarte, kunstvoll gestaltetem Hof und super Preisen hat sich der Laden einen kulinarischen Spitzenplatz gesichert.
Calle 272, zw. Plácido u. 270, T 01 4524 3877, Di–So 12.30–23 Uhr, um 4 CUC

⚜ Feuchtfröhlich
Taberna La Vigía

In der lebhaften Kneipe voller Wandgemälde sorgt gezapftes Bier für Stimmung, die sich danach in der Kellerdisco entlädt.
Plaza de la Vigía, Bar tgl. 9–21 Uhr

⚜ Star-Cabaret
Tropicana

Die Glamour-Show reicht fast an das Original in Havanna heran. Danach Disco.
Autopista Varadero KM 5 (beim Río Canímar), T 01 4526 53-79/80 (reservieren), variierend, meist Di–So um 22 Uhr, ab 35 CUC

ℹ Infos
Infotur: Parque Libertad, T 01 4525 3162, Mo–Sa 9–17 Uhr
Busse: Víazul, Calle 171, Ecke 272, 4 x tgl. nach Havanna und Varadero

IN DER UMGEBUNG

Grünes Glück am Stadtrand

Etwa 3 km nordwestlich des Zentrums lohnt der **Mirador Ermita de Monserrate** mit pittoresker Kirche, Restaurant

(Calle 306 final, tgl. 12–22 Uhr) und super Aussicht auf Stadt und Yumurí-Tal einen Besuch. Bei einer wundervollen Fahrt mit Cubas einziger elektrischer Eisenbahn durch den **Valle de Yumurí** (⌖ G 2) nach Habana del Este können Sie die Langsamkeit wiederentdecken (3 x tgl. von der Hershey-Station, Reparto Versalles, Calle 55, Ecke 67, T 01 4524 4805, 4 Std., 2,80 CUC). 5 km südöstlich des Zentrums locken die imposanten **Cuevas de Bellamar** (⌖ G 3, ▶ S. 50). 8 km östlich windet sich der **Río Canímar** (⌖ G 3) durch tropische Vegetation. Vom Landesteg mit Bar starten Bootsfahrten (unter der Brücke, T 01 4526 1516, tgl. 9–17 Uhr, 15/25 CUC ohne/mit Essen).

Steinerner Koloss
3 km nordöstlich des Zentrums bewacht der **Castillo de San Severino** (⌖ G 2) seit 1734 die Bucht. Ein spannendes Museum widmet sich Sklaverei und afrocubanischer Religion (Di–Sa 9–16, So 9–12 Uhr, 2 CUC, Fotos 2 CUC).

Wo die Cubaner Urlaub machen
An den Strandbuchten der **Playa Jibacoa** (⌖ F/G 2; gut 40 km westl.) erheben sich malerische Klippen und Hügel, unter Wasser locken artenreiche, ufernahe Riffe. Erstaunlich, dass die Playa noch nicht in die touristische Königsklasse geschafft hat … Eine hübsche Unterkunft, Pedro's House, mit zwei ebensolchen Zimmern und attraktivem Garten, nimmt Gäste auf. Hier lässt es sich auch länger aushalten – Ruhe ist garantiert.
Calle 6ta No. 302, zw. 3ra y Vía Blanca (in Peñon del Fraile, 2 km vor dem ersten Strand), T 01 4729 4389 und 01 5296 1900 (mobil), www.pedroshousejibacoa.com, DZ 25 CUC

Varadero ⌖ H 2

Seit Ende des 19. Jh. zieht das Strandbad Besucher magnetisch an. Einst ließen es sich die Reichen und Schönen hier in Villen gut gehen. Heute besuchen alle Klassen und Nationen Cubas berühmtesten Badeort, der mit 21 km langem Traumstrand, breitem Wassersportangebot und All-inclusive-Luxushotels alles bietet, was das Herz Pauschalreisender begehrt.

Historische Spurensuche
Zum Glück ist Varadero nicht so steril wie andere Strandbäder auf der Welt. Viele Bungalows, eine Handvoll Holzhäuser und ein paar historische Hingucker garantieren Authentizität. Etwa die **Casa de Al**, wo sich Al Capone vom Gangsterleben erholte und neue Coups plante: So nutzte er die Villa während der US-Prohibition auch als Depot für seinen geschmuggelten Alkohol. Heute fließen die guten Drinks an Ort und Stelle (Av. Kawama, tgl. 10–22 Uhr). In einer Holzvilla von 1921 ist das **Museo Municipal** mit Exponaten zur Stadtgeschichte untergebracht (Calle 57, Ecke Playa, tgl. 10–18 Uhr, 1 CUC). Die prächtige **Mansión Xanadú** (Av. de las Américas KM 8, www.varaderogolfclub.com/en/xanadu.asp) geht auf das Konto von US-Magnat DuPont, der auf der Halbinsel Land zum Spottpreis aufkaufte und später mit riesigem Profit verscharcherte. Sein Vermögen manifestiert sich hier in Ölgemälden, Mosaikböden, Marmor aus dem Vatikan sowie edlen Möbeln aus Europa und dem Fernen Osten. Auf dem Dach lockt eine Panoramabar, nebenan ein Golfclub.

Gepflegtes Grün
Im idyllischen **Parque Josone** (Av. 1ra, zw. 55 u. 59, tgl. 9–23 Uhr, Eintritt frei) mit künstlichem See und Restaurants wähnt man sich in einem englischen Schlossgarten.

⌂ In Stein gemeißeltes Ambiente
Casa Menocal
Im charmanten alten Steinhaus mit kunstvoller Deko und fünf wohnlichen Zimmern mit Safe, eines mit Balkon und Meerblick, fühlt man sich gut aufgehoben.
Calle 14 No. 1, Ecke Camino del Mar, T 01 4561 3164 und 01 5247 6509 (mobil), vmoralesmenocal1@gmail.com, DZ 35–45 CUC

Beeindruckende Ausmaße: Willkommen im größten Strandbad der Karibik!

🏠 Rundum-Wohlfühl-Programm
Karelia y Victor
In dieser Casa mit geschmackvollem Innenhof, hilfsbereiter Familie sowie behaglichem Apartment mit Safe und Terrasse werden Sie nicht enttäuscht.
Calle 43 No. 214, zw. 2 u. 3, T 01 4561 1604, karerentavaradero@nauta.cu, DZ 30–35 CUC

🏠 Spitzen-Pension
Beny's House
Das elegante Haus mit drei komfortablen Zimmern mit Safe, gepflegtem Garten mit Terrasse, super Essen und englischsprachigen Vermietern lohnt unbedingt.
Calle 55 No. 124, zw. 1 u. 2, T 01 4561 1700 und 01 5239 4542 (mobil), www.benyhouse. com, DZ 35–40 CUC

🍴 Bella Italia
Paladar Nonna Tina
Große, leckere Pizzas und ebensolche Pasta locken – Garten und rustikale Deko sorgen für Flair.
Calle 38 No. 5 zw. Av. Playa u. 1ra,
T 01 4561 2450, www.paladar-nonnatina.it,
Di–So 12–23 Uhr, 5–8 CUC

🍴 Kochen als Kunst
Paladar La Casona de Arte

Die bunte Mischung aus Restaurant und Kunstgalerie zeigt sich in beiden Bereichen talentiert; kulinarisch überzeugen Pasta, Fischgerichte und Paella.
Calle 47 No. 6, zw. Av. Playa u. 1ra,
T 01 4561 2237, tgl. 12–22.30 Uhr, 7–10 CUC

🍴 Genießen in der Grotte
La Gruta del Vino
In der mit Fahnen und Weinflaschen ausgeschmückten Grotte schmecken die Grillgerichte, garniert mit einem guten Tropfen, nochmal so gut.
Parque Josone, T 01 4566 7224, auf Facebook, tgl. 15.30–22.30 Uhr, 6–12 CUC

🍴 Optisch und kulinarisch ein Genuss
Paladar Varadero 60
Inmitten von Werbeplakaten der 1960er-Jahre landet eine große Auswahl an kreativen Gerichten auf den Tellern.
Av. 3ra, Ecke 60, T 01 4561 3986, auf Facebook, tgl. 12–23.30 Uhr, ab 11 CUC

🛍 Kreative Töpferei
Taller de Cerámica
Schön bemalte Gegenstände aus Ton.
Av. 1ra, Ecke 60, tgl. 9–19 Uhr

6

Ab in die Unterwelt – die Cuevas de Bellamar

Willkommen in der magischen Unterwelt der Bellamar-Höhlen! Einem jener Orte, wo sich die Natur kreativ ausgetobt und in einer der schönsten Höhlen der Karibik einen Formen- und Farbenreichtum geschaffen hat, der einer »Herr der Ringe«-Kulisse würdig wäre.

Als ein Arbeiter, dessen Werkzeug von der Erde ›geschluckt‹ wurde, den Komplex 1861 zufällig entdeckte, machten schnell Geschichten von dort hausenden Dämonen die Runde. Einer ließ sich davon aber nicht im Geringsten beeindrucken: der Großgrund- und Minenbesitzer Manuel Santos Parga. Mit einem großen unternehmerischen Riecher ausgestattet, begann er sogleich, Teile der Kaverne zu erschließen und zu vermarkten – Cubas erste Touristenattraktion war geboren. Und ist bis heute eine der größten der Insel geblieben.

Im Garten der Mohrrüben

Überall ›blühen‹ bis zu 300 000 Jahre alte Stalagmiten, Stalaktiten und Heliktiten (Tropfsteinformationen von besonders unregelmäßiger Gestalt). Gleich zu Beginn des nur 1 km langen, aber spektakulären Rundgangs beherbergt der riesige Salon Gótico das größte Gebilde: Stolze zwölf Meter ragt die Kalksteinsäule des ›Manto de Colón‹ (Mantel des Kolumbus) empor. Und sie wächst noch immer, alle 100 Jahre um zwei Zentimeter. Der mächtige Stalaktitenwall ›Huerto de las Zanahorias‹ (Garten der Mohrrüben) und die ›Capilla de los Doce Apóstoles‹ (Kapelle der zwölf Apostel) sind weitere Hingucker. In der Galería del Confesionario sticht die ›Cúpula de San Pedro‹ (San-Pedro-Kuppel) mit marinen Fossilien hervor. Ein kleines Museum zeigt weitere Versteinerungen von Urzeitwesen.

Im Bad der Amerikanerin

In den sich anschließenden Gängen wird es kleindimensionaler, aber nicht minder imposant. Im-

Für Touristen ist nur ein kleiner Teil des Höhlensystems zugänglich, das voller Geheimnisse, Legenden und Naturschätze steckt.

mer heller leuchten die Gebilde in der Galería de la Fuente. Berauscht von den Naturschauspielen bekamen selbst winzige Tümpel klangvolle Namen wie ›Fuente de la Juventud‹ (Quelle der Jugend) und ›Fuente de los Enamorados‹ (Quelle der Verliebten) verliehen. Der Salón de Bendición (Segnung) überwältigte einen Priester derart, dass dieser ihn 1863 segnete. Auch an Legenden mangelt es nicht: So soll im ›Baño de la Americana‹ eine Amerikanerin beim Baden verschwunden sein.

Im Zauberwald eines Magiers

Auf dem Rückweg liefert Mutter Natur in der Galería del Regreso ein furioses Finale ab und lässt Kristallformationen auch in Rosa und Ocker leuchten. Zudem wachsen nadel- und spiralförmige Heliktiten aus dem Gestein, ohne sich groß um die Gesetze der Schwerkraft zu scheren. Es gibt diverse Theorien zu diesem Effekt, etwa dass auf die kalkausscheidenden Wassertröpfchen starke Kapillarkräfte einwirkten. Doch fast könnte man meinen, hier sei ein verrückter Magier zugange gewesen.

B BADEN

Brauchen Sie nach so viel Sinnesrausch eine Abkühlung? Im transparenten Wasser der von Regenwald umrankten **Cueva de Saturno** 2 macht es Spaß zu baden.

INFOS/ÖFFNUNGSZEITEN

Cuevas de Bellamar 1 : tgl. 9–17 Uhr, einstündige Führung 5 CUC (von 9.30–11.30, 13.15–16.15 Uhr stdl.), Fotos 5 CUC
Cueva de Saturno 2 : tgl. 9–17 Uhr, 5 CUC (mit Bad)

WIE HINKOMMEN?

Die **Cuevas de Bellamar** 1 liegen 5 km südöstlich von Matanzas (Taxi 5 CUC). Selbstfahrer biegen an der Matanzas-Bucht in die Calle 254 nach Süden ab und folgen der Straße bis zum Ende, dann links unter einer Brücke hindurch bis zum 3 km entfernten Ziel. Zur 20 km westlich von Varadero und 18 km östlich von Matanzas gelegenen **Cueva de Saturno** 2 gelangt man über die Vía Blanca (beim Ort Carbonera 1 km nach Süden Richtung Flughafen abbiegen).

EINFACHE KOST

Auf den hübschen Terrains der beiden Höhlen tischen einfache **Restaurants** (tgl. 9–17 Uhr) auf.

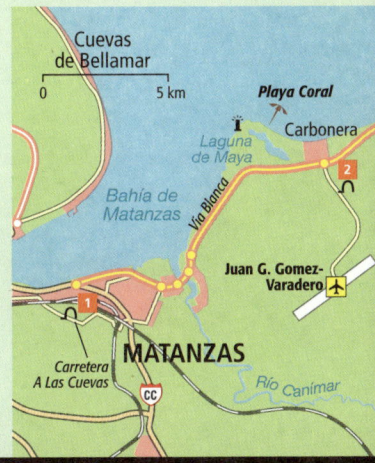

Faltplan: G 3

🔒 Feinste Rauchwaren
Casa del Habano
Av. 1ra, Ecke 27, Ecke 39 und Ecke 63, alle tgl.
9–19 Uhr

🔒 Edler Tropfen in musealem Ambiente
Casa del Ron
Hunderte Flaschen türmen sich inmitten
alter Fässer, Wandgemälde, Skulpturen
und dem Modell einer Rumfabrik.
Av. 1ra, Ecke 63, Mo–Sa 9–19.30, So 9–13 Uhr

🔒 Höchste Ladendichte Varaderos!
Plaza América
Das größte Einkaufszentrum lockt …
Av. Las Américas, 7 km östl. des Zentrums,
tgl. 9–21 Uhr

⚙ Wechselndes Programm
Casa de la Música
Mi–Sa spielen angesagte Bands, So und
Mo sind Discosounds zu hören.
Av. Playa, Ecke 42, T 01 4566 8918, http://
promociones.egrem.co.cu, Mi–Sa ab 22.30,
So ab 18 Uhr, 10 CUC

⚙ Laut und gut
Los Beatles
Jeden Abend heizt eine Coverband ein.
Av. 1ra, Ecke 59, ab 21.30 Uhr, Eintritt frei

⚙ Musikalischer Hotspot
Snack-Bar 62
Die Open-Air-Bar läuft abends mit guten
Salsa-Gruppen zur Hochform auf.
Av. 1ra, Ecke 62, tgl. 9–2 Uhr, Konzerte Di–So
ab 21.30 Uhr

⚙ Nostalgische Ohrwürmer
Legendarios del Guajirito
In der hochkarätigen Show geben sich
Ex-Mitglieder von Buena Vista Social
Club und Afro Cuban All Stars die Ehre.
Mi ab 21 Uhr im Centro de Convenciones (Plaza
América) und Fr ab 22 Uhr in der Sala de la
Música (Ostende der Halbinsel, Plaza Las Morlas),
ab 32 CUC (im Reisebüro reservieren)

🌀 Einfach mal abtauchen
Centro de Buceo Barracuda
Ausflüge zur Unterwasserhöhle Ojo de
Mégano, zum Wrackpark Cayo Piedras
del Norte, zur Cueva de Saturno und zur
Playa Coral.
Av. Kawama, zw. 2 u. 3, T 01 4566 7072,
tgl. 8–19 Uhr

🌀 Tanzen lernen
ABC Academia Baile
Av. 1ra. Ecke 34, T 01 4561 2623, auf Facebook,
Tanzunterricht (2/6/10 Std. für 15/39/69 CUC),
tgl. 8–19 Uhr

🌀 Von A nach B nach C
Varadero Beach Tour
Hop-on-Hop-off-Busse pendeln
entlang der Av. Kawama, Av. 1ra,
Av. de las Américas und Autopista Sur
und halten an wichtigen Hotels und
Sehenswürdigkeiten (tgl. 9–19 Uhr,
Tagesticket 5 CUC).

Die Krokodil-Population in freier Wildbahn hat sich dank erfolgreicher Zucht erholt.

☁ Bootsausflüge
Marina Chapelín
›Seafaris‹ nach Cayo Blanco (75 CUC inkl. Essen, Open Bar und Schnorcheln) und ›Boat Adventures‹ mit Jetskis (41 CUC)
Autopista Sur KM 12, T 01 4566 7550 (Seafaris) oder 01 4566 8440 (Boat Adventures), www. nauticamarlin.com, tgl. 9–16 Uhr

❶ Infos
Infotur: Av. 1ra, zw. 44 u. 46 (Centro Comercial Hicacos), T 01 4566 7044, tgl. 9–19 Uhr. Verteilt Stadtpläne.
Busse: Víazul, Calle 36, Ecke Autopista, 1x tgl. nach Santiago de Cuba, Trinidad und Viñales, 4 x tgl. nach Havanna
Flughafen: Aeropuerto Internacional J. G. Gómez, zwischen Matanzas und Varadero (jeweils 25 km), T 01 4524 7015, Taxis je 30–40 CUC

IN DER UMGEBUNG

Das letzte Stück Wildnis …
… das die Baukräne verschont haben, ist die **Reserva Ecológica Varahicacos** (🗺 H 2; im Osten der Halbinsel, Autopista Sur KM 17, tgl. 9–17 Uhr, 5 CUC/Pfad). Hier führen drei Lehrpfade durch Trockenwald mit baumhohen Kakteen und Höhlen, in denen Ureinwohner und Schmuggler lebten.

Ciénaga de Zapata 🗺 F–H 4

Auf der Zapata-Halbinsel breiten sich die größten Sümpfe (›ciénaga‹) der Karibik aus. Ausflugsoptionen in die artenreiche Wildnis über und unter Wasser begeistern Naturfans. Mückenschutz nicht vergessen!

Krokodile, Vögel und Söldner
In **Boca de Guamá** lassen sich auf der größten Krokodilfarm der Insel meterlange Panzerechsen bestaunen (tgl.

9–17 Uhr, 5 CUC). Nach einer Bootsfahrt zur idyllischen **Schatzlagune** (12 CUC) kann man dort in Hütten im Indianerstil übernachten. Etwa 10 km südlich hat das Nationalparkbüro in **Playa Larga** Vogelexkursionen im Programm (T 01 4598 7249, Mo–Sa 8–16.30 Uhr, 4 Std., 10 CUC). 23 km südlich können Sie in **Punta Perdiz**, dem besten Schnorchelrevier der Gegend, abtauchen (tgl. 9–16 Uhr, 15 CUC inkl. Essen und Open Bar). Weitere 11 km südöstlich führt in **Playa Girón** ein Museum in die Schweinebucht-Invasion von 1961 ein, deren Niederschlagung bis heute den Nationalstolz nährt (tgl. 9–17 Uhr, 3 CUC).

⌂ Schlossherr für eine Nacht
Hostal El Castillito
In der ›Lego-Burg‹ mit Türmchen warten ein begrünter Hof mit Liegen und Hängematten, drei große Zimmer und freundliche, englischsprachige Vermieter.
Playa Girón, T 01 4598 4469 und 01 5262 8393 (mobil), http://elcastillitogiron. com, DZ 30 CUC

❶ Frischer Fisch
Tiki Bahía de Cocinos
Nettes Lokal im Fischer-Look mit guten Meeresfrüchten und Blick aufs Wasser. Auch Zimmervermietung.
Playa Larga, T 01 4598 7285, auf Facebook, tgl. 10–24 Uhr, 5–10 CUC

❶ Infos
Busse: Die Guamá Bus Tour pendelt zwischen den wichtigsten Orten (2 x tgl., 3 CUC).

IN DER UMGEBUNG

Paradiesische Puderzuckerstrände
Das 38 km² große All-inclusive-Paradies **Cayo Largo** (🗺 G 5; nur per Flug zu erreichen) wartet mit Cubas weißesten und feinsten Sandstränden, Resorts, Schildkrötenfarm und Jachthafen mit Tauch- und Katamaranausflügen auf.
Weitere Infos: www.cayolargo.net

Zentralcuba

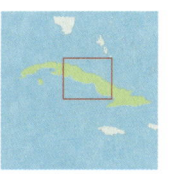

Ebenen, wohin man blickt – ist Cubas ländliche Mitte etwa ein Langeweiler? Einspruch! Zumindest ein montanes Rückgrat, die Sierra del Escambray, sticht heraus und lockt mit bezaubernden Wasserfällen vor einer Dschungelkulisse wie aus einem Tarzan-Film. Und sehr viel paradiesischer als auf den Inseln Cayería de Villa Clara, Cayo Guillermo und Cayo Coco kann es kaum noch werden. Hinzu kommen ›urbane Diven‹ mit Klasse: Von der neoklassizistischen Perle Cienfuegos über das revolutionäre Santa Clara bis zu kolonialen ›Hinguckern‹ wie Remedios, Trinidad, Sancti Spíritus und Camagüey.

Cienfuegos 🗺 J 4

**Größter Zuckerexporthafen der
Welt, größte Zementfabrik und
Petroleumraffinerie des Landes
– das industrielle Gesicht der Küstenstadt (150 000 Einw.) ist nicht
gerade einladend. Doch keine
Sorge: die Fabrikschlote qualmen
fern am Horizont. Im Zentrum und
im Villenviertel Punta Gorda zeigt
sich Cienfuegos mit sauberen
Straßen und attraktiven Bauten
im schillernd-eleganten Gewand.
Obendrauf gibt's eines der besten
Nachtleben Zentralcubas.**

WAS TUN IN CIENFUEGOS?

Französische Einflüsse
Cienfuegos' Geschichte verdichtet
sich auf dem **Parque Martí.** So ist der
Triumphbogen von 1902 nicht nur ein
Symbol der Unabhängigkeit, sondern
weist auch darauf hin, dass die Stadt
als einzige nicht von Spaniern, sondern
von französischen Siedlern gegründet
wurde. Aus Heimweh importierten die
Stadtväter Baustile und -materialien
wie die französischen Buntglasfenster
der zwölf Apostel in der **Catedral de
la Purísima Concepción** ❶ von 1869
(tgl. 7–12 Uhr). Auch in anderen Bauten
des Neoklassizismus, Art nouveau und
Art déco, die vor allem die Straßen im
Zentrum und den Prado (▶ S. 58,
❻–❿) säumen, flossen französische
Elemente ein – ein auch von der Unesco
gekürter architektonischer Reichtum.

Geschichte auf Schritt und Tritt
Dieser Glanz kommt nicht von ungefähr.
Die breite Naturbucht war gut gewählt,
und schon bald nach der Stadtgründung
1819 schlugen immer mehr Schiffe hier
ihre Waren um. Der Eisenbahnanschluss
1860 ließ den Handel vollends erblühen.
Cienfuegos lief dem Zuckerzentrum
Trinidad den Rang ab und stieg zu einem
der wichtigsten Exporthäfen auf – was
bis heute so geblieben ist. Industrie-
magnat Tomás Terry hielt den Boom mit
Finanzspritzen am Leben und wurde
dafür 1890 mit dem **Teatro Tomás
Terry** ❷ geehrt (tgl. 9–18 Uhr, 2 CUC,
Fotos 5 CUC). Im Eingang blickt ein
marmorner Don Terry auf vergoldeten
Stuck, Edelhölzer und opulente Deckenfresken. Im edlen Saal feierten Weltstars
wie Enrico Caruso und Sarah Bernhardt
umjubelte Auftritte. Nebenan tobten im
Colegio San Lorenzo ❸, heute eine
Schule, die letzten Kämpfe des Aufstands
vom 5. September 1957. Damals erhoben
sich Studenten und Marineoffiziere gegen
Diktator Batista. Auch wenn dessen
Truppen die Rebellion in Blut erstickten,
sicherte sie Cienfuegos ein dickes Kapitel
in Cubas Geschichtsbüchern. Der **Palacio
Ferrer** ❹ im Neorokokostil gibt ein tolles
Fotomotiv ab, vom Aussichtsturm
offenbart sich die ganze Pracht des Parque Martí (tgl. 9–17 Uhr, Turmbesteigung
1 CUC).

EIN MUSEUM, DAS SICH LOHNT

Eine Zeitreise
Wollen Sie noch tiefer in die Stadtgeschichte und den Lebensstil der
Zuckerbarone eintauchen? Das **Museo
Provincial** ❺, einst ein Club der vermö-
genden Oberschicht, zeigt Exponate aus
der Adelszeit und informiert zudem über
weitere Epochen (Ureinwohner, Unabhängigkeitskriege, Cienfuegos im 20. Jh.).
Parque Martí, Di–Sa 9–17, So 9–12 Uhr, 2 CUC

SCHLEMMEN, SHOPPEN, SCHLAFEN

 In fremden Betten

Im Bett des Bürgermeisters …
Bella Perla Marina ❶
Das ehemalige Haus des Bürgermeisters
lässt mit Kolonialflair, Mirador, begrünter Dachterrasse mit Billardtisch, Garage
und hilfsbereiten englischsprachigen
Vermietern keine Wünsche offen. Neben
den beiden Zimmern lockt eine riesige
Suite mit Whirlpool und Bronzebetten.

Hauptsache mobil: In der Wirtschaftskrise der 1990er-Jahre importierte Cuba über 1 Mio. Fahrräder aus China.

Calle 39 No. 5818, T 01 4351 8991, bellaperla marina@yahoo.es, DZ 25 CUC, Suite 70 CUC

Verwöhnprogramm
Casa de la Amistad
Wer Kolonialambiente und familiäre Herzlichkeit sucht, wird hier fündig. Beim Blick von der Dachterrasse und Leonors kulinarischem Verwöhnprogramm *(pollo a la cola, pescado gordon bleu, Cocktail gato negro)* werden Sie sich bald so wohl fühlen wie die überall dösenden Katzen. Englischsprachig.
Av. 56 No. 2927, T 01 4351 6143, leonormh41@nauta.cu, DZ 25 CUC

··

🍴 Satt & glücklich

Du wirst bleiben …
Paladar Te Quedarás ❶
»Du wirst bleiben«, heißt es im Namen des Lokals selbstbewusst. In der Tat lässt es sich bei Benny-Moré-Deko, Livemusik und breiter Speisenauswahl gut aushalten, vor allem auf dem Balkon mit Blick auf den Boulevard.
Av. 54 No. 3509, T 01 5826 1283 (mobil), www. restaurantequedaras.com, tgl. 12–24 Uhr, 12 CUC

Urgestein
Paladar Aché ❷
Seit über 20 Jahren überzeugen die leckeren kreolischen Gerichte im Garten oder im hübsch dekorierten Innern, und ein Buffet füllt auch hungrigste Mägen.
Av. 38 No. 4106, T 01 4352 6173 und 01 5276 6840 (mobil), auf Facebook, Mo–Sa 12–22 Uhr, um 10 CUC

··

🛍 Stöbern & entdecken

In der Fußgängerzone **Avenida 54,** zw. 29 u. 37, finden sich schöne Läden. Eine gute Souvenirquelle ist der **Kunsthandwerksmarkt** 🛈 auf der Calle 29, zw. Parque Martí und Mole.

··

☀ Wenn die Nacht beginnt

Kulturtempel
Teatro Tomás Terry ❷
Im Saal treten Künstler auf (s. Aushang), im Hofcafé treffen sich Zuhörer um 17 und um 22.30 Uhr zu Livemusik.
Parque Martí, tgl. 10–1 Uhr, 5 CUC (Theatersaal)

Zuckrige Hinter- lassenschaften – **Prado von Cienfuegos**

Mit zahlreichen neoklassizistischen Bauten gesegnet, feiert sich Cienfuegos als eine der schönsten Städte Cubas. Besonders stolz ist die ›Perle des Südens‹ auf ihren Prado, auf dem sie sich im schillerndsten Look präsentiert. Lust auf einen Spaziergang?

Der Reichtum des Booms im 19. Jh. manifestierte sich vor allem am Zentralplatz (▶ S. 56) und auf dem Prado, der längsten Allee des Landes. Der berühmte Sonero Benny Moré (1919–1963), für den Cienfuegos »die Stadt, die mir am meisten gefällt« war, bekam hier als filigrane **Bronzestatue** 6 einen Ehrenplatz. Rund um den ›Barbar des Rhythmus‹ säumen Baumreihen und schmucke Fassaden mit Säulen die Prachtmeile.

Rote Karte!

Wie in Stein gemeißelt war lange auch der Rassismus. Im 19. Jh. warb man weiße Einwanderer an, die fortan ihren Wohlstand auf ganzer Breite präsentierten, während die Schwarzen auf enge Zonen verbannt wurden. Selbst dem mulattischen Präsidenten Batista blieben Demütigungen nicht erspart: Als er in den 1940er-Jahren Havannas Jachtclub besuchte, dem er beitreten wollte, gingen demonstrativ die Lichter aus!

Das Gleiche wäre ihm wohl auch im **Club Cienfuegos** 7 passiert. Die mondäne Villa mit Pool und Bar mit tollem Meerblick fällt besonders ins Auge, denn der nördliche ›Säulenwald‹ ist in dieser Zone einer lockeren Bungalow-Bebauung gewichen. Ein weiterer optischer Leckerbissen ist gegenüber das Hotel-Schlösschen **Palacio Azul** 8, das nur Tourgruppen aufnimmt. Schade!

Flair von Tausendundeiner Nacht

Ganz im Süden, wo die Landzunge Punta Gorda wie ein Finger in die Bucht ragt, verströmen Jugendstilvillen noch mehr Eleganz. Alles überstrahlt

Lange Kolonnaden mit viel neoklassizistischem Flair kennzeichnen den nördlichen, zentrumsnahen Teil des Prado.

Wer hätte das nicht gerne direkt vor der Haustür? Ein Teil des kilometerlangen Prados führt am Meer entlang.

der Palacio del Valle, einst Residenz eines Zuckerbarons. Doch heben wir uns das Beste für den Schluss auf, bummeln zunächst die pittoreske Uferpromenade entlang bis zur ›Fingerspitze‹ und lassen uns im **Centro de Recreación** 9, einem idyllischen Park am Wasser, die Meeresbrise um die Nase wehen.

Erholt genug für eine Orgie des Eklektizismus? Im **Palacio del Valle** 10 treten maurische, gotische, venezianische und barocke Stile in einen Schönheitswettstreit. Tausendundeine-Nacht-Flair in der Karibik! Auch das Innere überwältigt: Marmor, Mosaike und Stuckverzierungen, wohin man blickt. Leider ist das Restaurant überteuert. Genießen Sie lieber einen Drink auf einem der Türme und lassen den Blick über die weite Bucht schweifen. Sofort wird klar, warum Cienfuegos den Titel ›Großer Hafen von Amerika‹ einheimste. Ein wundervolles Plätzchen für den Sonnenuntergang.

G GAME OVER

Schon wieder Batista! Inzwischen Diktator, wollte er nach Havanna auch andere Städte zum Spielerparadies machen. In Cienfuegos hatte er den **Palacio del Valle** 10 zum Casino auserkoren. Comandante Castro aber wies ihn 1959 in die Schranken.

INFOS/ÖFFNUNGSZEITEN
Club Cienfuegos 7: Calle 37, zw. Av. 8 und 12, tgl. 12–22 Uhr, 1 CUC
Centro de Recreación 9: Calle 35 final, So–Fr 9–22, Sa 9–23 Uhr
Palacio del Valle 10: Calle 37, Ecke Av. 0, tgl. 10–23 Uhr, 2 CUC

HERZLICHKEIT PLUS KOMFORT
Das **Hostal Plus** 3 (Calle 39 No. 3818, zw. 38 u. 40, T 01 4351 3596 und 01 5352 4135, lixandrals@nauta.cu, DZ 25 CUC) lockt mit drei großen Zimmern, leckerem Essen und Dachterrasse mit Pool. Stilvoll nächtigt es sich in der gelben Holzvilla **Camila's Hostal** 4

(Calle 35 No. 4 A, zw. Litoral u. 0, T 01 4351 6488, camila.hostalandrestaurant@gmail.com, DZ 50 CUC, Vierbettzimmer 80 CUC) mit vier künstlerisch eingerichteten Zimmern.

RUSTIKAL ODER ›ROOFTOP‹?
Lust auf etwas Deftiges? Dann sind Sie im rustikalen **Grill Punta Gorda** 3 (Prado 2001, zw. 20 u. 22, T 01 4351 9573, auf Facebook, tgl. 12–23 Uhr) richtig. Der **Paladar Pelicano** 4 (Av. 0 No. 3506 B, zw. 35 u. 37, T 01 4353 4124, auf Facebook, tgl. 12–23 Uhr) besticht mit guter Küche und tollem Buchtblick von der Dachterrasse.

Faltplan: J 4 | **Cityplan:** S. 60

Hier steppt der Bär
Disco El Benny
Der berühmteste Tanztempel lockt viel junges Volk an.

Av. 54 No. 2907, auf Facebook, Di–Sa ab 23 Uhr, 3–5 CUC

Cha-cha-cha mit Cubanern
Cabaret Tropisur
Lust auf eine Show fast ohne Touristen, aber mit feier- und tanzfreudigen Cubanern?

Calle 37, zw. 46 u. 48, Do–Sa ab 21, So Matinée ab 18 Uhr, 1 CUC

Freiluftfeiern am Meer
Artex Centro El Cubanísimo
Breites Programm (Shows, Livemusik, Disco) unter freiem Himmel.

Calle 35, Ecke 16, Di–So ab 22 Uhr, 1–2 CUC

....

INFOS

....

Infotur: Parque Martí, T 01 4351 4653, tgl. 8–17 Uhr
Busse: Víazul, Calle 49, zw. 56 u. 58, 1 x tgl. nach Cayo Santa María, 2–3 x tgl. nach Havanna, Trinidad und Varadero

CIENFUEGOS

Sehenswert
1. Catedral de la Purísima Concepción
2. Teatro Tomás Terry
3. Colegio San Lorenzo
4. Palacio Ferrer
5. Museo Provincial
6. Bronzestatue von Benny Moré
7. Club Cienfuegos
8. Palacio Azul
9. Centro de Recreación
10. Palacio del Valle

In fremden Betten
1. Bella Perla Marina
2. Casa de la Amistad
3. Hostal Plus
4. Camila's Hostal

Satt & glücklich
1. Paladar Te Quedarás
2. Paladar Aché
3. Grill Punta Gorda
4. Paladar Pelicano

Stöbern & entdecken
1. Kunsthandwerksmarkt

Wenn die Nacht beginnt
1. Disco El Benny
2. Cabaret Tropisur
3. Artex Centro El Cubanísimo

IN DER UMGEBUNG

Oasen vor der Haustür
Cubas größter **Botanischer Garten** erschließt sich am besten bei einer Führung (K J 4; Jardín Botánico, 15 km östl. von Cienfuegos, reservieren unter T 01 4354 5334, tgl. 8–17 Uhr, 2,50 CUC). Weiter südlich locken die **Laguna Guanaroca** mit Bootstouren zu Flamingokolonien (K J 4; reservieren unter T 01 4354 8117, tgl. 8–15 Uhr, 10 CUC) und die **Playa Rancho Luna** (K J 4) mit Pensionen und abwechslungsreichem Szenario aus Sandstrand und Felsküste.

Schöner baden
Cubas schönster Wasserfall versteckt sich rund 50 km südöstlich von Cienfuegos in der Sierra del Escambray. Die Idylle des **Salto El Nicho,** der in bis zu 15 m hohen Kaskaden im Dschungel herabstürzt und Naturpools bildet, ist kaum zu übertreffen (K K 4; tgl. 8.30–18.30 Uhr, 10 CUC). Höchstens vielleicht vom benachbarten **Stausee Lago Hanabanilla** (K K 4), der mit zahlreichen Buchten wie ein kleiner Fjord in der waldreichen Gebirgslandschaft glänzt. Wenn Sie auch aufs Wasser wollen: Das abgewohnte **Hotel Hanabanilla** am Nordufer bietet Bootstouren und Wanderungen an (T 01 4220 8461, www.islazul.cu, DZ 50 CUC).

Santa Clara K 4

Die Hauptstadt (215 000 Einw.) der Provinz Villa Clara gehört weder zu den ältesten (1689 gegründet) noch zu den schönsten Orten Cubas, aber eindeutig zu den interessantesten. Denn als Che-Guevara-Stadt verströmt sie ihre ganz eigene Atmosphäre, und die vielen Studenten verleihen ihr ein junges Flair, das sich in der abwechslungsreichen Kulturszene niederschlägt.

WAS TUN IN SANTA CLARA?

Begegnung mit Che
Eine intensive Begegnung mit dem ›Guerillero Heróico‹ ist in Santa Clara vorbestimmt (► S. 62, 1 – 3).

Sinneseindrücke sammeln
Am lebhaften **Parque Vidal** sorgt schon das Vogelorchester in den Bäumen für Stimmung. Abends legen die Einheimischen lautstark nach, bevor sie von hier aus in die Bars und Clubs starten. Am Morgen können Sie dann den rund 400 Arbeitern der **Fábrica de Tabacos** 4 bei der Fertigung der edlen Rauchware auf die agilen Finger schauen (Mo–Fr 9–13.30 Uhr, Führung 4 CUC, Tickets nur bei Cubatur/Calle Marta Abreu 10, keine Fotos). Die Fabrik ist eine der größten des Landes und wird aus dem

›Guerillero Heróico‹ – Che-Guevara-Stadt Santa Clara

Von unzähligen Hauswänden, Plakaten und T-Shirts blickt sein Konterfei herab, jedes cubanische Schulkind kennt seine Geschichte. Che Guevara ist auf der Insel allgegenwärtig. Doch nirgendwo wird der Revolutionär mehr verehrt als in Santa Clara. Wie kam es dazu?

Ernesto Guevara de la Serna (›Che‹ war sein Kosename) lernte Fidel Castro 1955 in Mexiko kennen und schloss sich dessen Bewegung an. Wegen seines taktischen Geschicks stieg er zum Comandante auf und bekam 1958 die schwierige Aufgabe, Santa Clara einzunehmen. Getreu seiner Maxime »Seien wir realistisch, versuchen wir das Unmögliche« stellte er sich ihr. Und siegte tatsächlich.

Ein Zug bringt die Wende

Ende 1958 kontrollierten die Guerilleros weite Teile Ostcubas, doch blockierten starke Einheiten in Santa Clara den Weg nach Westen. Um seine letzte Lebensversicherung zu stärken, schickte Diktator Batista einen gepanzerten Zug mit Waffen und Truppen zur Verteidigung in die Stadt. Was ihm zum Verhängnis wurde. Denn Guevaras Guerilleros ließen das Stahlungetüm entgleisen, bewarfen es mit Molotowcocktails und erzeugten einen Backofeneffekt. Die heraustaumelnden Soldaten wurden schnell überwältigt, da ihre Kampfmoral bereits im Keller war – der Kommandant des ›Tren Blindado‹ hatte sich längst abgesetzt. Die Einheiten in der Stadt leisteten dagegen heftigen Widerstand, konnten aber dank der erbeuteten Waffen besiegt werden.

Diesen entscheidenden Triumph der Revolution verewigt das **Monumento del Tren Blindado** **1**. Ein Waggon beherbergt Exponate zur Schlacht, gegenüber steht der Bulldozer, der die Gleise zerstörte.

Nicht nur für die jungen Pioniere ist Che Guevara nach wie vor eine Vorbildfigur.

Ein Leben en miniature

Nördlich des Zuges ehrt vor der Parteizentrale die **Estatua Che y Niño** 2 den Helden. Das Kind auf seinem Arm steht für kommende Generationen. Aber schauen Sie mal genauer hin, es gibt einige Details zu entdecken: Auf Ches Schulter reitet ein Junge auf einer Ziege – ein Symbol für seine Jugend in Argentinien. Im dichten Haar versteckt sich eine Hängematte, in der der Asthmakranke öfter im Freien schlief. Die Gürtelschnalle zieren seine Kampfgefährten in Bolivien. Und auf einer Hosenfalte erinnert ein winziges Motorrad an Guevaras Lateinamerika-Reise.

Auferstanden von den Toten

Doch die Hauptstätte der Verehrung liegt am anderen Stadtrand. 450 000 Stunden freiwilliger Arbeit stecken in dem riesigen **Monumento y Memorial Ernesto Che Guevara** 3, das am 28.12.1988 zum 30. Jahrestag der Schlacht um Santa Clara eingeweiht wurde. In der Mitte thront eine 6,80 m hohe und 20 t schwere Bronzestatue des Helden. Die linke Wand zieren Etappen des Guerillakampfes, den Quader zur Rechten Ches Abschiedsbrief an Fidel. Tauchen Sie nun im Museum in sein bewegtes Leben ein. Die stärkste Aura verströmt die Totenstätte (Memorial), in der die Gebeine des 1967 in Bolivien hingerichteten Revolutionärs ruhen. Cubanische Wissenschaftler hatten sie 1997 im Andenstaat in einem Massengrab gefunden und auf die Insel überführt. Eine Million Cubaner nahmen am Trauerzug teil! Der Märtyrer feierte seine Auferstehung – nicht nur in Cuba …

Ü ÜBRIGENS

Lust, die Langsamkeit wiederzuentdecken? Dann machen Sie es wie die Cubaner und schaukeln per Kutsche oder Bicitaxi vom Tren Blindado zum Monumento Guevara (2 CUC).

INFOS/ÖFFNUNGSZEITEN

Monumento del Tren Blindado 1:
Av. Liberación, Mo–Sa 9–16 Uhr (danach von außen einsehbar), 1 CUC, Fotos 1 CUC
Monumento y Memorial Ernesto Che Guevara 3: Av. de los Desfiles, Di–So 9.30–17 Uhr, Eintritt frei (keine Fotos im Museum und Memorial)

REVOLUTIONÄR GUT!

Das charmante **Café Museo Revolución** 3 (Calle Independencia 313, beim Zug, Mo–Mi 10.30–19, Do–So 10.30–23 Uhr) sorgt auch fürs leibliche Wohl, bietet aber vor allem mit Revolutionsdevotionalien, darunter unveröffentlichte Fotos und Originaldokumente mit Unterschriften von Fidel und Che, Futter fürs Auge.

Faltplan: K 4 | **Cityplan:** S. 65

umgebenden Vuelta Arriba, einem der
wichtigsten Tabakanbauzentren des
Landes, beliefert.

EIN MUSEUM, DAS SICH LOHNT

Adel stellt aus

Kolonialflair liegt in Santa Clara vor
allem im **Museo de Artes Decorativas** 5 mit seiner prunkvollen Einrichtung aus dem 18. Jh. in der Luft.
Mo, Mi, Do 9–12, 13–18, Fr, Sa 13–18, 19–22,
So 18–22 Uhr, 2 CUC, Fotos 5 CUC

SCHLEMMEN, SHOPPEN, SCHLAFEN

🏠 In fremden Betten

Eleganz in allen Ecken
Adrianos Hostal

Sehr nette englischsprachige Vermieter
leiten das ruhige, superzentrale Haus
mit drei schönen Zimmern und zwei
Apartments sowie der riesigen, hübschen Dachterrasse.
Calle Marta Abreu 56, T 01 4220 5008 und
01 5356 3229 (mobil), martaartiles@yahoo.es,
DZ 25 CUC

Hoher Wow-Faktor
Hostal Florida Terrace 2

Auf hübsch begrünten und künstlerisch
gestalteten Etagen verteilen sich sechs
Art-déco-Zimmer, eines schmucker als
das andere. Dazu lockt eine Dachterrasse mit Liegen und super Aussicht.
Calle Maestra Nicolasa 59, T 01 4222 1580,
florida.terrace59@gmail.com, DZ 35 CUC

🍴 Satt & glücklich

Chillig und lecker
Tapas Bar Piraterías 1

Ohne Brimborium, aber gemütlich
eingerichtet, zieht der Laden mit
kleinen Speisen, leckeren Cocktails
und Billardtisch viele kontaktfreudige
Einheimische an.
Calle Julio Jover 5, T 01 4229 4893, auf Facebook, tgl. 14–4 Uhr, 3–5 CUC

Für alle Sinne
Paladar Florida Center 2

Der Dreiklang aus dschungelartigem
Hof, Kolonialambiente und super Essen
in großen Portionen (Spezialität: *ropa
vieja* oder Languste mit Krabben in
Tomatensauce) ist nicht zu toppen.
Reservieren.
Calle Maestra Nicolasa 56, T 01 4220 8161,
www.hostalfloridacenter.com, tgl. 18–23 Uhr,
10–13 CUC

🛍 Stöbern & entdecken

Tabak, Rum, Kaffee
La Veguita

In gemütlicher Baratmosphäre können
Sie Genussmittel kaufen oder vor Ort
genießen.
Calle Maceo Norte 176 A, Mo–Sa 9–19,
So 9–14 Uhr

Was zum Mitnehmen!
Fondo de Bienes Culturales 2

Originelles Kunsthandwerk.
Calle Luis Estévez 9, Mo–Fr 9–18, Sa
9–13 Uhr

☀ Wenn die Nacht beginnt

Kultur & Kneipe
**Teatro La Caridad mit
Bar Marquesina**

Das Schauspielhaus mit prächtigen Deckenfresken zieht namhafte Kulturgrup-
pen an. In der Kneipe nebenan spielen
abends gute Bands. Man kann auch
draußen sitzen.
Parque Vidal, T 01 4220 5548, Mi–Sa 20.30, So
17 Uhr (Theater), tgl. 10–2 Uhr (Bar), 5–10 CUC
(Theater)

Treffpunkt der alternativen Szene
Club Mejunje ✵

Dank abwechslungsreicher Livemusik
(ab 21 Uhr, am Sa sehenswerte Trans-
vestiten-Show), Bar, Theater und Galerie
hat das homophile Kulturzentrum
landesweit einen legendären Ruf.
Calle Marta Abreu 107, tgl. ab 17 Uhr, Bar auch
tagsüber

SANTA CLARA

Sehenswert
1. Monumento del Tren Blindado
2. Estatua Che y Niño
3. Monumento y Memorial Ernesto Che Guevara
4. Fábrica de Tabacos
5. Museo de Artes Decorativas

In fremden Betten
1. Adrianos Hostal
2. Hostal Florida Terrace

Satt & glücklich
1. Tapas Bar Piraterías
2. Paladar Florida Center
3. Café Museo Revolución

Stöbern & entdecken
1. La Veguita
2. Fondo de Bienes Culturales

Wenn die Nacht beginnt
1. Teatro La Caridad mit Bar Marquesina
2. Club Mejunje

INFOS

Infotur: Calle Cuba 68, T 01 4222 7557, Mo–Fr 8–17 Uhr

Busse: Víazul, Carretera Central 483 (3 km westl. vom Parque Vidal), 1 x tgl. nach Cayo Santa María, 2 x tgl. nach Trinidad, Varadero und Holguín, 3–4 x tgl. nach Havanna und Santiago de Cuba

Remedios 🗺 L 4

Als eine der ältesten Gründungen Cubas (1524) strahlt Remedios viel Kolonialcharme aus. Der Massentourismus hat die Kleinstadt (30 000 Einw.) noch nicht erobert, sodass es sehr entspannt zugeht – mit Ausnahme der Parrandas-Feiern, wo man es im wahrsten Sinne des Wortes krachen lässt.

Die Parrandas werden monatelang mit viel Hingabe vorbereitet. Mit riesigen Festbauten und -wagen sowie Feuerwerken (je lauter, desto besser) messen sich zwei Viertel vor einer Jury. Es heißt: »Der Parrandero lebt 364 und einen halben Tag, um alles in zwölf Stunden zu verprassen.«

Blick aufs Bäuchlein

An der hübschen Plaza Martí beeindruckt die **Catedral San Juan Bautista** mit Mahagonidecke und Cubas prunkvollstem Goldaltar (Mo–Sa 9–12, 14–17, So 8–12 Uhr). Bei so viel Glanz geht ein Detail fast unter. Sehen Sie den leichten Bauchansatz der Marienfigur (links vom Eingang)? Eine schwangere heilige Jungfrau! Im Vatikan wohl ein No-Go, löst diese weltweit rare Ikone bei den Cubanern Stolz aus. Besuchen Sie die Stadt, wenn möglich, zwischen dem 21. und 24. Dezember. Dann steigt um den Platz ein wenig besinnliches Spektakel, die karnevalsartigen *parrandas* (s. o.). Einen Eindruck vermittelt das **Museo de Parrandas** (Calle Alejandro del Río 74, Di–Sa 9–18, So 9–13 Uhr, 1 CUC, Fotos 1 CUC).

🏠 Charmant
Hotel Barcelona
Elegant – von der Lobby mit Kolonial-Flair bis zu den 24 schicken Zimmern.
Plaza Martí, T 01 4239 5144/45, www.cubanacan.cu, DZ 75 CUC

🏠 Wunschlos glücklich
Hostal Casa Richard
Die drei Zimmer um den attraktiven Hof, das super Essen und die hilfsbereiten Vermieter lassen nichts zu wünschen übrig.
Calle Maceo 52, T 01 4239 6649 und 01 5294 0285 (mobil), hostalcasarichard@gmail.com, DZ 20–25 CUC

🍴 Kolonialambiente
Paladar La Estancia

Das Privatrestaurant besticht mit leckerem Essen und bezauberndem Hof.
Calle Cienfuegos 34, T 01 4239 5582, www.laestanciahostal.com/en/restaurant, tgl. 10–23 Uhr, um 10 CUC

ℹ Infos
Infotur: Calle Pi y Margall 21, T 01 4239 7227, Mo–Fr 8–17, Sa 8–12 Uhr
Busse: Víazul, Av. Céspedes, Ecke Pi y Margall, 1 x tgl. nach Cayo Santa María und Trinidad

---

IN DER UMGEBUNG

Zucker und Züge

In einer stillgelegten Zuckerfabrik veranschaulicht das **Museo Azucarera** die Kulturgeschichte und Herstellung des Exportguts. Noch antiquierter als die Apparaturen sind die Züge im **Dampflok-Park** nebenan (🗺 L 4; 5 km nördl. des Zentrums, Mo–Sa 9–16 Uhr, 3 CUC).

Strandparadies

Vorbei an Mangrovenwäldern und Flamingokolonien führt eine Dammstraße (2 CUC, Pass mitnehmen) auf die **Cayería de Villa Clara** (🗺 L/M 3; Infos unter www.cayosantamaria.info), Cubas mit 17 km langen Stränden und rund 20 Resorts zweitgrößtem Strandzentrum. Für Tagesausflügler sind nur die **Playa Salina** auf Cayo Las Brujas (15 CUC inkl. Essen und Trinken für 12 CUC) und die **Playa Las Gaviotas** (4 CUC) ganz im Osten von Cayo Santa María zugänglich. Die idyllische kleine Villa Las Brujas (T 01 4235 0024/25, www.gaviotahotels.com, DZ ab 90 CUC) ist die günstigste Unterkunft. Von der **Marina Las Brujas** (T 01 4235 0113 und 01 4235 0013) starten Katamaranausflüge (59–72 CUC) und Jetski-Fahrten (2 x tgl., 39 CUC).

Trinidad 🗺 K 5

Das schillerndste Juwel in Cubas kolonialer Krone schmiegt sich zwischen die karibische See und die Sierra del Escambray. Nirgend-

wo sonst wird der Reichtum des Zuckerbooms so gut sichtbar wie in den Gassen des historischen Zentrums. Und doch fiel der Ort in einen Dornröschenschlaf und wurde erst durch den Tourismus wiedererweckt. Spätestens seit die Unesco 1988 den Welterbetitel vergab, ist Trinidads Aufstieg zum Mekka des cubanischen Städte- und Kulturtourismus nicht mehr aufzuhalten.

WAS TUN IN TRINIDAD?

Die ganze Stadt ein Freilichtmuseum

Die koloniale Aura lässt sich nirgendwo besser erspüren als rund um die **Plaza Mayor** (▶ S. 68, **1**–**4**). Der **Templo de Santería Yemayá 5** (tgl. 8–18 Uhr, Spende) ehrt die Meeres- und Schutzgöttin Yemayá und gibt Einblicke in die afrocubanische Religion (▶ auch S. 94).

EIN MUSEUM, DAS SICH LOHNT

Kampf gegen die Konterrevolution

Dass nicht alle Geschichten in Trinidad auf die Zuckeraristokratie zurückgehen, zeigt das **Museo de la Lucha contra Bandidos 6** im ehemaligen Kloster San Francisco de Asís (1741). Trinidads Wahrzeichen dokumentiert den Kampf gegen konterrevolutionäre Banden, die sich bis Mitte der 1960er-Jahre in der Sierra del Escambray festgesetzt hatten. Vom Turm aus eröffnen sich tolle Ausblicke.
Di–So 9–17 Uhr, 1 CUC

SCHLEMMEN, SHOPPEN, SCHLAFEN

🏠 In fremden Betten

Wohnen wie der Adel
Casa Muñoz
Das Kolonialhaus mit drei schönen großen Zimmern ist derart museal, dass es bereits mehrere Magazine abgelichtet haben. Vermieter Julio ist Pferdeliebhaber, Fotograf und spricht fließend Englisch.
Calle Martí 401, T 01 4199 3673, www.casa.trinidadphoto.com, DZ 40–50 CUC

Detailverliebt mit Dachterrasse
Hostal Sarahí
Das Haus punktet mit drei liebevoll dekorierten, farbenfrohen Zimmern, Küche und Dachterrasse. Englisch.
Calle F. Petersson 180, T 01 4199 8484 und 01 5261 7812 (mobil), sarahisantander@gmail.com, DZ 25–30 CUC

Haus der Terrassen
Casa Bernardo 3
In der charmanten Pension mit drei Zimmern mit Safes und Balkonen, Internet und Radverleih stechen die beiden tollen Dachterrassen heraus. Englisch.
Calle F. Petersson 179 A, T 01 4199 3543, www.casa-bernardo-trinidad.com, DZ 25 CUC

🍴 Satt & glücklich

Abkühlung gefällig?
Gelateria Artigianale Italia 3
In dieser super Eisdiele gibt's 16 verschiedene Geschmacksrichtungen.
Calle R. M. Villena, Ecke Piro Guinart, www.zelatto.com, tgl. 9–22 Uhr

Ins Vorzeigestädtchen Trinidad fließen besonders viele Restaurationsgelder.

Wie aus dem Bilderbuch – **Trinidads Plaza Mayor**

Trinidad zählt zu Lateinamerikas schönsten Kolonialstädten. Die Zeit ist hier konserviert in den Adelspalästen, die Glanz, Dekadenz und Herrschaft vergangener Epochen ausstrahlen. Betreten Sie das Freilichtmuseum auf seiner Hauptbühne, der Plaza Mayor.

 # 9

Die Ruhe weg – trotz Touristenmassen.

Schlanke Königspalmen, bronzene Windhunde, silbrig glänzendes Kopfsteinpflaster und pastellfarbene Paläste – ein Bilderbuch-Platz. Dabei war Trinidad lange Zeit ein Provinznest, bis Ende des 18. Jh. der Zucker alles veränderte. Die süßen Kristalle aus dem Tal der Zuckermühlen (▶ S. 72) ließen sich hervorragend vergolden.

Neid und Niedertracht

Einer der Zuckerbarone half seinem Wohlstand zusätzlich auf die Sprünge. In seinem neoklassizistischen Palacio Cantero von 1830, heute das **Museo de Historia Municipal** **1**, beeindrucken Fresken an Säulenbögen und muschelförmiger Stuck an den Fenstern. Doch hinter dieser Prachtfassade rankten sich Intrigen wie aus einer *Soap*: Don Justo Germán Cantero vergiftete zunächst einen Sklavenhändler und ehelichte dann dessen Witwe. Nach all der Niedertracht nun aber hoch hinaus: Eine Treppe windet sich auf den Turm mit fantastischem Rundumblick.

Schöner wohnen auf Aristokratisch

Im **Museo de Arquitectura** **2** in der Casa Sánchez Iznaga von 1738 geht es ins Detail. Zu sehen sind im 18. und 19. Jh. eingesetzte Bauelemente wie Lehmwände, Halbbogenglasfenster und eiserne Ziergitter, die noch heute die kolonialen Gassen prägen. Im Hof steht eine alte Dusche mit kompliziertem Rohrsystem – Hightech des 19. Jh. Richtig edel wird es im Palacio Brunet, dem heutigen **Museo Romántico** **3**, dessen antike Möbel, böhmisches Kristall und Sèvres-Porzellan aus ganz Cuba stammt. Holzdecken und Wandornamente, ein Bronzebett mit

F
›FUSS-MATTE‹

Die Prunksucht schien grenzenlos. Ein Bankier wollte seine Hausböden sogar mit Goldmünzen auslegen. Doch aus diesem ›glänzenden‹ Einfall wurde nichts, denn auch der Reichste durfte des Königs Konterfei nicht mit Füßen treten!

›Straßenarbeiter‹:
Infolge des zuletzt stark
geförderten privaten
Kleingewerbes nehmen
in den Touristenzentren
Pensionen, Privatrestau-
rants und Kunsthand-
werksstände zu.

Baldachin sowie die Küche mit handbemalten Kera-
mikkacheln erzeugen Wow-Effekte.

Mit Gottes Segen

Für so einen schillernden Ort ist die **Iglesia de la
Santísima Trinidad** 4 bemerkenswert schlicht –
trotz des Hauptaltars mit Edelholz-Türmchen im
neugotischen Stil. Doch hatte man etwas anderes, noch Wertvolleres: den Cristo de Veracruz.
Im zweiten Altar links sorgt die Christusstatue
seit rund 300 Jahren für Trinidads Seelenheil. Ur-
sprünglich sollte sie in Mexiko Segen spenden.
Doch nachdem Stürme das Schiff nicht auslaufen
ließen, deuteten die Trinitarios dies als Zeichen,
Gottes Sohn hier zu verwahren.

Museo de Historia Municipal 1: Sa–
Do 9–17 Uhr, 2 CUC, Fotos 5 CUC
Museo de Arquitectura 2: Do–Di
9–17 Uhr, 1 CUC, Fotos 1 CUC
Museo Romántico 3: Di–So 9–17 Uhr,
2 CUC, Fotos 1 CUC
Iglesia de la Santísima Trinidad 4:
tgl. 10–12, Messe So 10 Uhr

KULINARISCHES FÜR ZWISCHENDRIN

Die wundervolle Einrichtung des **Paladar
Quince Catorce** 1 (Calle Simón Bolívar
515, zw. Márquez u. Echerri, T 01 4199
4255, tgl. 12–16, 18.30–23 Uhr, ab
12 CUC) lässt so manches Kolonialmuse-
um vor Neid erblassen. Auch die Küche
kann sich sehen und schmecken lassen.

Im kunstvollen Hof der **Cafetería Don
Pepe** 2 (Calle Piro Guinart, Ecke F. H.
Echerrí, tgl. 8–24 Uhr) gibt es leckere
Kaffees, Sandwiches und Cocktails.

DER PLATZ LEBT –
BIS WEIT IN DIE NACHT

Auf der Treppe zur **Casa de la Música** spielen ab 16 Uhr Bands. Auch
in der hübschen **Casa de la Trova** 2
von 1777 ertönt den ganzen Tag,
besonders abends ab 21 Uhr, Livemusik
(1 CUC). Das Conjunto Folclórico hält im
Palenque de los Congos Reales
ab 22 Uhr die afrocubanische Kultur
lebendig (1 CUC).

Faltplan: K 5 | Cityplan: S. 70

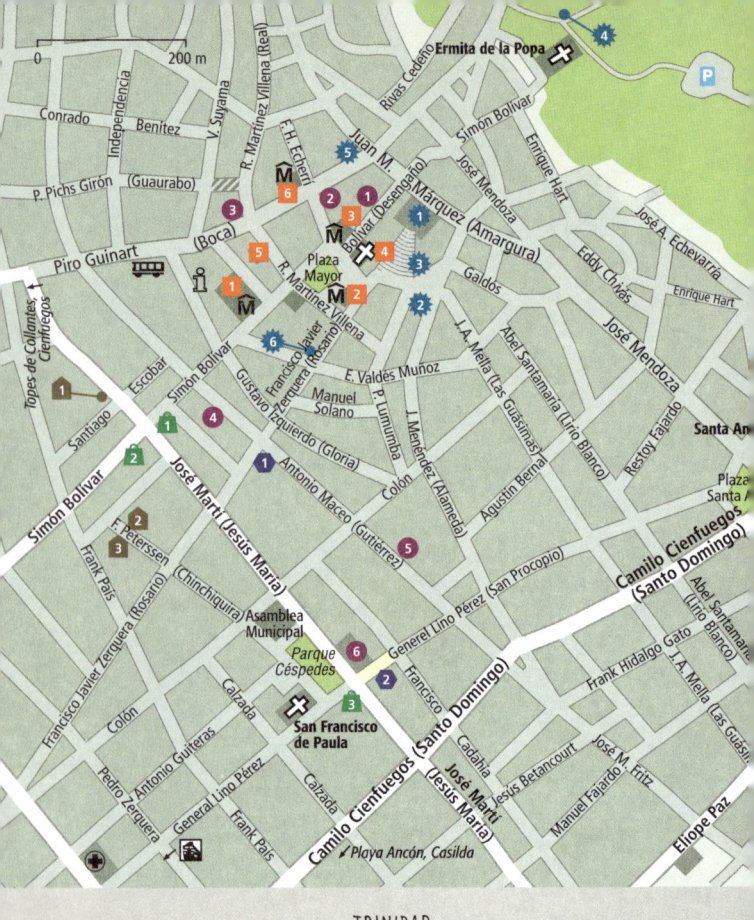

TRINIDAD

Sehenswert

1. Museo de Historia Municipal
2. Museo de Arquitectura
3. Museo Romántico
4. Iglesia de la Santísima Trinidad
5. Templo de Santería Yemayá
6. Museo de la Lucha contra Bandidos

In fremden Betten

1. Casa Muñoz
2. Hostal Sarahí

3. Casa Bernardo

Satt & glücklich

1. Paladar Quince Catorce
2. Cafetería Don Pepe
3. Gelatería Artigianale Italia
4. Paladar La Redacción
5. Paladar San José
6. Grand Hotel

Stöbern & entdecken

1. José M. Carles Zerquera

2. Galería Pincelada Colonial
3. Las Vegas

Wenn die Nacht beginnt

1. Casa de la Música
2. Casa de la Trova
3. Palenque de los Congos Reales
4. Disco Ayala
5. Taberna La Botija
6. Bar Giroud

Sport & Aktivitäten

1. Cubatur
2. Paradiso

Für alle Sinne
Paladar La Redacción ➍

Die ausgezeichnete Fusionsküche ver-
zaubert die Geschmacksknospen, und
das WC und die alten Schreibmaschinen
sind Futter fürs Auge.

Calle Maceo 463, T 01 4199 4593 und
01 5491 0146 (mobil), www.laredaccioncuba.
com, tgl. 11.30–22.30 Uhr, 10–12 CUC

Aushängeschild der Stadt
Paladar San José ➎

Mit rustikaler Deko (tolle Oldtimerfotos),
riesigen Portionen sowie ausgezeich-
neten Weinen hat das Lokal Kultstatus
erreicht und ist fast immer voll.

Calle Maceo 382, T 01 4199 4702, tgl.
12–23 Uhr, 7–12 CUC

Edel frühstücken
Grand Hotel ➏

Ihre Reisekasse gibt ein Fünfsterne-
hotel nicht her? Dann genießen
Sie das noble Ambiente halt beim
Frühstücksbuffet.

Parque Céspedes, tgl. 7–10 Uhr, 10 CUC

 **Stöbern & entdecken**

Stöberparadies
José M. Carles Zerquera 🛈

Kaum zu glauben, welche Berge
an Antiquitäten, darunter eine der
größten Kruzifix-Sammlungen (239
Stück!) Lateinamerikas, sich hier
verbergen.

Calle Simón Bolívar 306, T 01 4199 4099,
tagsüber

Kleines Kunstmuseum
Galería Pincelada Colonial ➋

Das mit spirituell-fantastischen,
aber leider recht teuren Gemälden
vollgestopfte Atelier ist ein Hort der
Kreativität.

Calle Simón Bolívar 294, www.yuditvidal.com,
Mo–Sa 9–20 Uhr

Zigarren über Zigarren
Las Vegas ➌

Alle bekannten Sorten.

Parque Céspedes, tgl. 9–19 Uhr

☀ Wenn die Nacht beginnt

Tanz in der Grotte
Disco Ayala ✷

Hier tanzt man zwischen Kalksteinfor-
mationen. Genial!

Hinter der Ruine Ermita de la Popa (Taxi nehmen), tgl. ab 23 Uhr, 5 CUC inkl. Getränk

Super zum Vorglühen
Taberna La Botija ✷

Der sympathisch-rustikale Laden ist mit
guten Grillgerichten und Snacks, Happy
Hour (16–18 Uhr) und chilliger Liveband
(ab 19 Uhr) ein Dauerbrenner.

Calle Juan Márquez 71 B, labotija.trinidad
hostales.com/inicio.html, tgl. 24 Std.

Einfach kultig
Bar Giroud ➏

Bilder hängen schief, Stühle von der
Decke, man sitzt auf Kisten oder Fernse-
hern – der urig-chaotische Look macht
den Charme des Lokals aus. In dem
lockeren Ambiente munden die guten
Cocktails und Tapas (Hauptgerichte
überteuert) ausgezeichnet.

Calle F. J. Zerquera 403, T 01 4199 3818, auf
Facebook, tgl. 10.30–23.30 Uhr

🛶 Sport & Aktivitäten

Reiten und Fototouren
Julio Muñoz: s. Casa Muñoz, 🏠 S. 67

Attraktive Ausflüge
Cubatur ➊

Schön sind die Zugfahrt ins Tal der Zuckermühlen (15 CUC) und eine Lkw-Fahrt
in den vogelreichen Parque Guanayara
mit Badepools und dem schönsten Wasserfall der Region (45 CUC inkl. Essen).

Calle Maceo 447, T 01 4199 6314,
tgl. 9–20 Uhr

Kunst & Kultur
Paradiso ➋

Sprach- und Tanzkurse (je 5 CUC/Std.) &
interessante Stadttouren (um 20 CUC).

Calle Lino Pérez 306 (Casa Fischer),
T 01 4199 6486, tgl. 8–17 Uhr

Eine Überdosis Zucker
– Valle de los Ingenios

Die Kulturlandschaft des Valle de los Ingenios erinnert an die goldene Ära der Zuckermühlen. Hier schlug einst Cubas ökonomisches Herz auf Hochtouren. Doch was brachte die Räder zum Stillstand und ließ die scheinbar unerschöpfliche Quelle des Reichtums versiegen?

Bereits das tolle Panorama vom **Mirador Loma del Puerto** 1 5 km östlich von Trinidad offenbart, dass im weiten Tal kaum noch Zuckerrohr wächst. Doch im 19. Jh. wogte das süße Gras bis an den Horizont, produzierten hier über 50 Mühlenkomplexe. Begeben wir uns auf die Spuren eines vergangenen Wirtschaftssystems.

Brutale Symbiose

Die Initialzündung für den Zuckerboom kam aus Haiti. Französische Pflanzer flohen Ende des 18. Jh. vor dem dortigen Unabhängigkeitskrieg und brachten Know-How ins Tal. Die größten Stücke des wachsenden Zuckerkuchens sicherten sich Trinidads Adelsfamilien, von deren Wohlstand Landgüter wie **Manaca Iznaga** 2, 15 km östlich von Trinidad, zeugen. Sein 43 m hoher Torre Manaca Iznaga (1816) war damals Cubas höchstes Bauwerk und ist heute Wahrzeichen der Region. Vom Turm überwachten Aufseher die Sklaven und läuteten bei Fluchtversuchen die Glocke. Der Reichtum wurde nicht nur aus dem Rohr, sondern auch aus den Sklaven herausgepresst – in bis zu 18-stündigen Schichten, die viele nicht lange überlebten. »Zucker ist aus Blut gemacht«, sagt ein Sprichwort.

Mit dem Teufel im Bund

Etwa 7 km östlich fuhr 1827 im **Sitio Histórico Guáimaro** 3 die größte Mühle der Welt Rekorde ein. Hohe Zuckerpreise hatten die Plantagen ausufern lassen. Überall wichen Wälder neuen Anbauflächen. An diese Rauschzeiten erinnert nur noch das Herrenhaus Borrell, dessen Pracht in Wandgemälden romantischer europäischer

Mit den oft neugierigen und sehr offenen Inselbewohnern kommt man schnell in Kontakt.

Cubas Zuckerproduktion stagniert seit Jahren. Wegen des Zusammenbruchs der Sowjetunion und niedriger Weltmarktpreise wurden viele Fabriken geschlossen oder zu Museen wie dem **Museo de la Agroindustria Azucarera** 4 umfunktioniert.

Landschaften durchschimmert. Die Legende berichtet auch von einem weniger schönen Motiv, das der Hausherr in Auftrag gegeben haben soll – das des Teufels. Als seine Nachkommen die diabolische Fratze entfernten, erschien sie immer wieder aufs Neue.

Verzockt!

Immer schneller drehte sich das Rad des Wachstums in den 1830er- und 1840er-Jahren. Die nun heranschnaufenden Loks transportierten die süße Fracht zu Fabriken im ganzen Tal und zu Trinidads Hafen Casilda. In den Hallen ächzten die Kolben der ersten Dampfmaschinen und gaben Höchstgeschwindigkeitstakte vor, unersättlich gierend nach Zuckerrohr und Brennholz. Die Ressourcen waren aber inzwischen ausgeblutet, und die neue Technik verschlang so viel Geld, dass man ausländische Kredite aufnehmen musste.

Als 1857 die Zuckerpreise fielen, stürzte die Region in eine Krise. Man hatte ganz auf die ›Zuckerkarte‹ gesetzt und sich verzockt. US-Kompanien kauften die ruinierten Plantagen nun für einen Appel und ein Ei auf und übernahmen die Regie im Tal, die Kassen klingelten fortan aber in den neuen Zuckerzentren Cienfuegos und Matanzas.

Cuba war 1837 das erste Land Lateinamerikas mit Bahnanschluss. Heute ist es die letzte Karibikinsel, durch die noch einige Züge schnaufen. Und bei den eingefahrenen Verspätungen geht die Deutsche Bahn als Muster an Pünktlichkeit durch …

INFOS/ÖFFNUNGSZEITEN

Manaca Iznaga/Torre Manaca Iznaga
2: tgl. 9–17 Uhr, Turmbesteigung
1 CUC
Sitio Histórico Guáimaro 3: tgl.
8–16 Uhr, 1 CUC
Museo de la Agroindustria
Azucarera 4: tgl. 8–17 Uhr,
1 CUC

KREOLISCHE KÜCHE

Der **Paladar El Barracon de Manaca 1** (100 m südlich des Turms, T 01 5491 0304, tgl. 8–18 Uhr, um 8 CUC) tischt kreolische Klassiker auf.

MIT DEM ZUG DURCHS TAL

Cubatur in Trinidad (▶ S. 71) verkauft Zugfahrten mit dem ›**tren turístico**‹ zum Torre Manaca Iznaga und Museo de la Agroindustria Azucarera (tgl. 9.30 Uhr, 5 Std., 15 CUC).

Faltplan: K 5

Grüner wird's nimmer – **Topes de Collantes**

 # 11

Die Wanderschuhe geschnürt und auf in die Botanik! In dem Naturpark in der Sierra del Escambray zeigt sich Zentralcuba von seiner grünsten Seite. Durch artenreiche Regenwälder geht es zu idyllischen Wasserfällen und ein Museum erzählt vom Siegeszug des Kaffees.

Immer höher schrauben sich die Serpentinen von Trinidad bis auf 800 m Höhe zu Cubas bekanntestem Kurort hinauf. Lassen Sie sich nicht von der wenig einladenden Siedlung abschrecken, auch nicht vom **Kurhotel Escambray** 1, das wie ein monströser, futuristischer Klotz aus Orwells Roman »1984« auf einem Hügel thront. Lateinamerikanische Gäste schwören zwar auf seine Therapien, doch der eigentliche Quell der Erholung sind die sattgrünen, vogelreichen Wälder drumherum.

Dschungelfeeling

Einer der schönsten Wege führt von der Casa del Café nach 2 km zur **Cueva La Batata** 2, einer Höhle mit Naturpools. Bekannte Pflanzen werden hier zehnmal so hoch wie ihre in Blumentöpfe gezwängten Artgenossen. Bäume sind in Bromelien, Moose, Flechten gekleidet. Im regenreichen Mikroklima sprießen Koniferen, Edelhölzer und über 100 Farnarten – bis zu 10 m hoch! Über den Fluss bei der Höhle geht es durch hügeliges Gelände weiter, bis man nach 3 km einer Lkw-Piste nach links zur ehemaligen Kaffeeplantage **Hacienda Codina** 3 folgt. Hier lockt ein kurzer Pfad mit Höhle, Bambuswäldchen und Orchideengarten. Noch beliebter (und deutlich steiler) ist der Weg zum **Salto de Caburní** 4. Er führt von der Villa Caburní durch dichte Wälder und an bizarren Felsformationen vorbei. Erinnern sie nicht an Elefantenrüssel? Ganz unten lockt ein erfrischendes Bad im Becken des Wasserfalls, der in Kaskaden über 62 m hinabfällt.

Braune Bohnen – best of!

In der Sierra del Escambray liegen Cubas wichtigste Kaffeeanbaugebiete. Die rustikale **Casa**

Heute exportiert Cuba nur noch relativ wenig Kaffee. Die braune Bohne landet zumeist als süßer Espresso in heimischen Tassen. Ein echter Wachmacher!

del Café `5` schenkt den Muntermacher mit und ohne Alkohol aus und informiert über die Kulturgeschichte der braunen Bohne. Ihre beste Zeit hatte sie Anfang bis Mitte des 19. Jh., als die Insel zum weltgrößten Kaffeeproduzenten aufstieg.

Optischen statt kulinarischen Genuss bietet das **Museo de Arte Contemporáneo** `6`. Untergebracht in einer Senatorenvilla mit prächtigen Buntglasfenstern, lockt es mit Gemälden der 1980er-Jahre, darunter bekannte Werke von Flora Fong, Pedro Pablo Oliva und Tomás Sánchez.

Cubas Nationalblume gedeiht hier überall. Ihre weißen Blüten steckten sich Unabhängigkeitskämpferinnen ins Haar, um darin Nachrichten zu schmuggeln.

INFOS/ÖFFNUNGSZEITEN

Casa del Café `5`: tgl. 7–19 Uhr, Eintritt frei
Museo de Arte Contemporáneo `6`: tgl. 8–18 Uhr, 2 CUC, keine Fotos
Anfahrt: keine Busse, von Trinidad auf die Carretera Sur nach Cienfuegos und dann nach 4 km rechts abbiegen auf die Serpentinenstraße nach Topes de Collantes (noch 15 km)

GENIESSEN IM GRÜNEN

Viel besser als die renovierungsbedürftigen Hotels ist das aus Naturmaterialien errichtete **Ecoalojamiento El Manantial** `1` (6 km südl. von Topes an der Straße nach Trinidad, T 01 4254 1325, ocejasm@gmail.com und manantial@ nauta.cu, DZ 25 CUC) mit zwei Zimmern, Hängematten und leckerem Essen aus organischem Anbau. Bauernhof- und Dschungelfeeling in einem! Der hübsche **Paladar Gran Nena** `1` (T 01 4254 0338, tgl. 24 Std., 12 CUC) tischt im Wald Huhn, Schwein, Fisch oder Krabben mit Beilagen, Salat und Nachtisch auf. Im **Centro de Informaciones** `1` (T 01 4254 0117, tgl. 8–18 Uhr) gibt es Übersichtskarten und mehrsprachige Führer.

Faltplan: K 5 | Wanderungen: Salto de Caburní (7 km, 10 CUC), Cueva La Batata/ Hacienda Codina (11 km, 5 CUC/7 CUC)

Infotur: Calle G. Izquierdo 101, T 01 4199 8258, Mo–Fr 8.30–18, Sa, So 8.30–16 Uhr
Busse: Víazul, Calle G. Izquierdo, Ecke Piro Guinart, 1 x tgl. nach Cayo Santa María, Playa Santa Lucía und Santiago de Cuba, 2 x tgl. nach Havanna und Varadero; Trinidad Bus Tour: 4 x tgl. (hin und zurück 5 CUC) vom Cubatur-Büro nach Playa Ancón
Semana de la Cultura: Anfang Jan. Tanz- und Musikveranstaltungen.
Semana Santa: Karfreitag bis Ostersonntag. Eine der wenigen Osterprozessionen in Cuba.

....
AUSFLÜGE VON TRINIDAD
....

Stadtstrand der Extraklasse
Nur 15 km südlich von Trinidad liegt die 4 km lange **Playa Ancón** (🗺 K 5), der beste Strand der Südküste. Ein Jachthafen bietet Tauchausflüge und Segeltörns (T 01 4199 6670).

Kultur und Natur vor der Stadt
Im **Valle de los Ingenios** schlug das Herz der ›süßen Macht‹, bis Unabhängigkeitskriege, Sklavenbefreiung und Industrielle Revolution zum Infarkt führten (▶ S. 72). 18 km nördlich von Trinidad lockt der Kurort **Topes de Collantes** mit Wanderungen durch die Sierra del Escambray (▶ S. 74).

Sancti Spíritus

🗺 L 5

Eigentlich müsste die malerische Provinzhauptstadt (110 000 Einw.) bei jeder Cuba-Reise auf der Liste stehen – wäre da nicht die noch mehr kolonialen Charme versprühende ›kleine Schwester‹ Trinidad. Aber wer historische Atmosphäre ohne Busgruppen sucht, ist in Sancti Spíritus bestens aufgehoben.

Vom Zentrum zum Fluss
1514 als eine der ersten Städte gegründet, braucht sich Sancti Spíritus nicht zu verstecken. Lassen Sie sich vom **Parque Serafín Sánchez** südwärts zur Plaza Honorato treiben, wo die **Iglesia Parroquial Mayor**, Cubas ältestes Gotteshaus (1522), emporragt (Di–So 9–11, 14–17 Uhr). Im Gegensatz zur schlichten Kirche stellt das **Museo de Arte Colonial** (Calle Plácido 74, Ecke Jesús Menéndez, Di–Do 9.30–17, Fr, Sa 9.30–13.30, 19–22, So 8–12 Uhr, 2 CUC, Fotos 1 CUC) den prunkvollen Lebensstil einer Adelsfamilie aus dem 18. Jh. zur Schau. An das Museum schließen sich mit der Kopfsteinpflastergasse **Calle Llano** und der **Puente Yayabo**, Cubas einziger Steinbogenbrücke, weitere Hingucker an.

🏠 **Nicht zu toppen!**
Hostal Boulevard
Die Qualitäten des Hauses sind unübersehbar: superzentrale Lage, herzlicher englischsprachiger Vermieter, drei große komfortable Apartments und eine riesige Dachterrasse in der WLAN-Zone.
Calle Independencia Sur 17 (altos), T 01 4133 5120 und 01 5380 8373 (mobil), auf Facebook, DZ 25–30 CUC

🏠 **Kolonialhotel mit Charakter**
Hotel E del Rijo
Mit nur 16 Zimmern um den hübschen Hof und gutem Restaurant bietet das charaktervolle Haus viel Privatsphäre.
Plaza Honorato, T 01 4132 8588, www.hoteldelrijo.com, DZ 90 CUC

🍴 **Rustikal bis ins Mark**
Mesón de la Plaza
Auf den Holztischen des Kolonialhauses landen deftige Klassiker (gut: *ropa vieja*).
Plaza Honorato, T 01 4132 8546, tgl. 9–22.45 Uhr, 5–7 CUC

☼ **Feiern am Fluss**
Quinta Santa Elena
Lust auf eine Open-Air-Party? Die Lage am Fluss könnte kaum schöner sein.
Calle Padre Quintero 60, zw. Llano u. Manolo Díaz, Fr Disco, Do und Sa ab 21 Uhr Cabaret-Show, 1–3 CUC

❶ Infos
Cubatur: Parque Serafín Sánchez, T 01
4132 8518, Mo–Sa 9–17 Uhr
Busse: Carretera Central, Ecke Circun-
valación (2 km östlich des Zentrums), 1 x
tgl. nach Trinidad, Playa Santa Lucía und
Varadero, 3 x tgl. nach Holguín, 4–5 x tgl.
nach Havanna und Santiago de Cuba

Cayo Coco & Cayo Guillermo 🗺 M/N 3/4

**Schon Konquistador Diego de Veláz-
quez war begeistert und taufte
die Inselpracht ›Jardines del Rey‹,
Gärten des Königs. An goldgelben
bis weißen Sandstränden leuchtet
die azurblaue bis smaragdgrüne
See, unter Wasser erstreckt sich eines der größten Riffe der Welt und
im Süden breiten sich artenreiche
Wälder aus.**

Willkommen im Paradies!
An der Nordküste erstecken sich mehrere, insgesamt 22 km lange Strände.
Die besten sind von All-Inclusive-Hotels (www.meliacuba.com und www.
memoriesresorts.com) erschlossen. Cayo

Hemingway zog es in den hiesigen
Gewässern auf Marlinfang, und im
Zweiten Weltkrieg ging es ihm um
noch größere Brocken: Er ließ seine
Jacht Pilar technisch aufrüsten, um
deutsche U-Boote aufzuspüren. All
diese Erlebnisse inspirierten ihn zum
Roman »Inseln im Strom«.

Cocos Traumflecken heißen **Playa Larga**
und **Playa Las Coloradas**, doch das
Sahnestück liegt im Westen auf Cayo
Guillermo: Den feinen weißen Sand der
Playa Pilar, einer der schönsten Strände Cubas, schützen die höchsten Dünen
der Karibik (bis 15 m). Vor der Küste
lockt Cayo Media Luna mit fischreichen
Riffen (Ausflüge 25 CUC).

Im grünen Dickicht
Neben dem Weiß des Sandes und dem
Blau des Ozeans leuchtet noch eine weitere Farbe: Grün. Über 70 % des Archipels
sind bewaldet. Cayo Cocos Südküste
säumt ein Mangrovenlabyrinth, durch

*On the road to paradise. Bei solchen Ausblicken versteht man schnell, warum
bereits rund 5 Mio. Touristen pro Jahr auf die Insel strömen.*

das rund 200 Vogelarten waten und schwirren, darunter der weiße Ibis *(coco)*, dem das Eiland seinen Namen verdankt. Am auffälligsten sind die rund 10 000 Cubaflamingos, die rosarote Farbtupfer an den Horizont setzen und sich in der Dämmerung in riesigen Schwärmen in die Lüfte erheben. Etwa 3 km westlich von Cayo Cocos Hotels versteckt sich im Wald die **Cueva del Jabalí.** Bäume recken sich durch Spalten ans Licht, Luftwurzeln ranken hinab. Die ursprüngliche Wildschwein-WG musste längst ausziehen und tummelt sich jetzt in den umliegenden Wäldern. Geblieben ist eine Fledermauskolonie, die sich auch von der lauten Musik nicht vertreiben lässt (T 01 3330 1206, Di, Do ab 22.30 Uhr Livemusik für 25 CUC bzw. Disco für 10 CUC, jeweils inkl. Open Bar). Weiter westlich zeichnet das Museumsdorf **Sitio La Güira** (s. u.) das harte Leben der Köhler vor rund 100 Jahren nach. Von hier starten Ausritte und Wege durch die Mangroven. Der vogelreiche **Parque Natural El Bagá** verwaist leider seit Jahren (10 km westl. des Kreisels von Cayo Coco, Stand in den Hotels oder unter T 01 3330 1062/64 erfragen).

⌂ Für Pendler
Alojamiento Maite
Viele Tagesausflügler kommen aus Morón (60 km südl.), und dort gibt es keine bessere Wahl als diese Komfortoase mit fünf großen Zimmern (eines mit Pool), Dachterrasse und tollem Restaurant.
Calle Luz Caballero 40 B, zw. Libertad u. Agramonte, Morón, T 01 3350 5845, 01 5281 3374 (mobil), alojamientomaite@gmail.com, DZ 25 CUC

⌂ Rustikal Schlafen
Sitio La Güira
Die vier Hütten sind einfach ausgestattet, aber idyllisch gelegen. Mit Restaurant. Mückenschutz und -netz erforderlich.
Cayo Coco, 6 km westl. des Kreisels, T 01 3330 1208, DZ 25 CUC

⌂ Pluspunkt Pool
Villa Gregorio
Die elf Zimmer sind klein, aber es gibt einen Pool, und der Preis ist genial.

Cayo Guillermo, hinter dem Damm rechts, T 01 3330 1611, DZ 25 CUC

⑪ Sundowner-Spot
Lenny's Bar & Grill
Die rustikale Strandbar ist mit kanadischen Autonummernschildern geschmückt und tischt gute Meeresfrüchte auf.
Cayo Coco, Playa Prohibida, westl. der Hotelzone, tgl. 9–19 Uhr, um 10 CUC

⑪ Am besten Strand
Ranchón Pilar
Das rustikale Holzrestaurant fügt sich harmonisch in die Dünenlandschaft ein.
Cayo Guillermo, Playa Pilar, tgl. 10–16 Uhr, 6–15 CUC

☻ Kletterparadies für Groß und Klein
Rocarena
Gleich mehrere Zonen zum Klettern.
Beim Hotel Meliá Cayo Coco, tgl. 9–21 Uhr, je nach Zone/Aktivität 5–16 CUC

☻ Auf und unter dem Wasser
Marina Marlin/Boat Adventure
Schnorcheltrips (ab 20 CUC), Seafaris (79–89 CUC) und Jetski-Fahrten (4 x tgl., 46 CUC).
Cayo Guillermo, hinter dem Damm links, T 01 3330 1737/38 (Marina) bzw. T 01 3330 1515/16 (Boat Adventure), www.nauticamarlin.com

ⓘ Infos
Busse: Rundfahrtbus, mehrmals tgl. zw. den Hotels und Sights auf Cayo Coco und Cayo Guillermo (Tagesticket 5 CUC)

Camagüey ◫ 0 6

Öffnen Sie ein besonderes Schmuckkästchen: 1514 gegründet, zählt Camagüey zu den ältesten Städten der Insel. Und zu den schönsten! Rinderherden und Zuckerrohrplantagen bescherten dem Adel Wohlstand und dem Stadtbild eine Vielzahl an Kolonialplätzen, Kirchen und Statusbauten. Heute ist das drittgrößte Ballungszentrum (305 000 Einw.) nicht nur Provinzhauptstadt, sondern auch die

Kulturmetropole Zentralcubas, was sich nicht nur in der Kunstszene und dem abwechslungsreichen Nachtleben zeigt. Zudem hält Camagüey so manche Überraschung bereit …

WAS TUN IN CAMAGÜEY?

Geschichte und Geschichten

An der Plaza de los Trabajadores beeindruckt die **Iglesia de la Merced** 1 (tgl. 9–12 Uhr, Messe Mo–Sa 17, So 9 und 18 Uhr, Spende) von 1748 mit kunstvoll bemaltem neugotischen Hauptaltar aus Holz und Deckenfresken im Art-Nouveau-Stil. Halten Sie aber vor allem nach dem Santo Sepulcro Ausschau, einem verzierten Sarg aus 23 000 eingeschmolzenen Silbermünzen, der seit 1762 im Mittelpunkt der Karfreitagsprozessionen steht. Rund 100 Jahre später erbaten Unabhängigkeitskämpfer Gottes Beistand, denn Camagüey mischte kräftig im Ersten Unabhängigkeitskrieg (1868–1878) mit. Schließlich erblickte hier einer der wichtigsten Generäle 1841 in der **Casa Natal Ignacio Agramonte** 2 (Di–Sa 9–17, So 9–13 Uhr, 2 CUC, Fotos 1 CUC) das Licht der Welt. Agramonte war an Cubas erster Verfassung von 1869 beteiligt und fiel 1873 im Kampf. Das Museum zeigt Kriegsdokumente und das Mobiliar einer reichen Viehzüchterfamilie, der Agramonte entstammte.

Ein-, Aus- und Überblicke

Am Parque Agramonte, dem lebendigsten Platz, verschafft das Stadtmodell **Maqueta de la Ciudad** 3 (Mo–Sa 9–21, So 9–13 Uhr, 1 CUC, Fotos 2 CUC) im Maßstab 1:500 gute Überblicke über Cubas mit 330 ha größtes historisches Zentrum. Immer mehr Bauten erstrahlen im alten Glanz, vor allem, seit die Unesco 2008 die Altstadt zum Welterbe erklärte. Vollgestopft mit Antiquitäten, Gemälden und Nippes wirkt nebenan das Wohnhaus eines Künstlerpaares, die **Casa de Arte Ileana Sánchez y Joel Jover** 4 (Mo–Sa 9–12, 15–17 Uhr), wie ein Museum. Gegenüber ragt die **Catedral Metropolitana** 5 empor (tgl. 10–19 Uhr,

Turmbesteigung 1 CUC). 1998 segnete der Papst das Gotteshaus, das schon drei Jahrhunderte zuvor prominenten Besuch erhalten hatte – vom ›Teufel in Menschengestalt‹: Pirat Henry Morgan. Er sperrte die Stadtväter 1688 hinter die sakralen Mauern, bis sie ihm die Verstecke ihrer Reichtümer preisgaben. Das Kircheninnere zieren eine maurische Holzdecke und die Figur der Jungfrau von Candelaria, Camagüeys Schutzpatronin. Vom Turm schweift der Blick über das Häusermeer, aus dem Kirchtürme herausragen und Camagüeys katholische Tradition veranschaulichen.

Ausnahmekunst

Kopfsteinpflaster, pastellfarbene Häuser, hölzerne Balustraden – nirgendwo ist die Kolonialatmosphäre verdichteter als auf der Plaza San Juan de Dios. Hier lockt die **Iglesia y Hospital de San Juan de Dios** 6 (1728 errichtet, 2017 restauriert). Im barocken Innern sind Originalfliesen und -holzdecke sowie Altäre mit Goldverzierungen zu sehen. Achten Sie auf die drei Figuren des Hauptaltars der Dreifaltigkeit. Hier kommt selbst der Heilige Geist anthropomorph daher – eine absolute Ausnahme in Lateinamerikas Kirchenkunst. Im ehemaligen Krankenhaus nebenan verbargen die Spanier Agramontes Leiche vor der Bevölkerung. Heute sind hier Ausstellungen zur Stadtgeschichte und Kolonialarchitektur untergebracht.

CAMAGÜEY

Sehenswert
1. Iglesia de la Merced
2. Casa Natal Ignacio Agramonte
3. Maqueta de la Ciudad
4. Casa de Arte Ileana Sánchez y Joel Jover
5. Catedral Metropolitana
6. Iglesia y Hospital de San Juan de Dios
7. Mural
8. Calle de los Cines
9. Plaza del Carmen
10. Museo Provincial

In fremden Betten
1. Hostal Carmencita
2. Hotel E Camino de Hierro
3. Hostal Los Vitrales

Satt & glücklich
1. Restaurante La Isabella
2. Restaurante Carmen
3. La Salsa
4. Café Ciudad
5. Paladar Casa Austria

Stöbern & entdecken
1. Galería Larios

2. Taller Martha Jiménez
3. Magdiel García Almanza
4. Mercado Agropecuario

Wenn die Nacht beginnt
1. La Bigornia
2. Teatro Principal
3. Bar Casablanca
4. Bar Yesterday
5. Bar El Cambio
6. Casa de la Trova

Sport & Aktivitäten
1. Camaguax

Straßenkunst und mehr entdecken

Viele Plätze und Straßen zieren Kunstprojekte. Ileana Sánchez (Gemäldeverkauf am Parque Agramonte, ► S. 79) hat mit ihrem **Mural** **7** afrocubanischer Figuren der Calle Jaime ein buntes Gesicht verpasst. Südlich warten vor der Bar Yesterday (► S. 83) **Bronzestatuen der Beatles** ✳ auf Sie. Richtung Westen geht Cineasten in der **Calle de los Cines** **8**, einer mit Bars, Läden und Kinos im Zeichen diverser Traumwelt-Klassiker gestalteten Fußgängerzone, das Herz auf. Weiter westlich schmücken Martha Jiménez' witzige, realen Personen nachgestaltete Bronzestatuen die **Plaza del Carmen** **9**, wo auch ihre Galerie liegt (► S. 82). Eine der besten Gemäldesammlungen Cubas offeriert das **Museo Provincial** **10** (Di–Sa 10–18, So 9–13 Uhr, 2 CUC, Fotos 1 CUC).

....

SCHLEMMEN, SHOPPEN, SCHLAFEN

....

Möchten Sie gerne nach Camagüey zurückkehren? Dann müssen Sie laut Legende nur vom Wasser eines *tinajons* trinken ... Rund 2500 dieser bauchigen Tonkrüge gibt es in der Stadt heute noch. So manches Kolonialhaus zieren sie, da reiche Familien in ihnen ab 1620 Trinkwasser speicherten. Zum Ärger der Spanier versteckten sich in den riesigen Gefäßen auch Unabhängigkeitskämpfer.

englischsprachige Vermieter hat viele Informationen für Sie.
Calle Avellaneda 3, T 01 3229 5866 und 01 5294 2522 (mobil), requejobarreto@gmail.com, DZ 25 CUC

....

🛏 In fremden Betten

Mit Stil

Hostal Carmencita

Die Pension ist nicht kolonial, aber hübsch eingerichtet und mit zwei großen komfortablen Zimmern (eines mit eigener Terrasse), gemütlicher Dachterrasse mit Bar und Garage ausgestattet. Englisch.
Calle Agramonte 259, T 01 3229 6930, 01 5251 2468 (mobil), cysabel@nauta.cu, DZ 25 CUC

Altstadtchic

Hotel E Camino de Hierro **2**

Das im Zeichen der Eisenbahn gestaltete Haus lockt mit zehn riesigen schicken Zimmern mit Balkon-Balustrade, gutem Restaurant und WLAN.
Plaza de la Soledad, T 01 3229 2093/94, www.cubanacan.cu, DZ ab 100 CUC

Kloster mit Kolonialcharme

Hostal Los Vitrales **3**

Das einstige Kloster von 1795 mit drei freundlichen Zimmern und wundervollem Hof strotzt vor Kolonialelementen, darunter Buntglasfenster. Der

🍴 Satt & glücklich

Filmreif futtern

Restaurante La Isabella **1**

Filmposter und -rollen, Stühle mit Namen von Regielegenden, als Szenenklappen gestaltete Speisekarten – im Ambiente einer Filmkneipe werden gute Pizzen und Nudelgerichte aufgetischt.
Plaza de los Trabajadores, T 01 3224 2925, tgl. 11–22 Uhr, 3–7 CUC

Mit hohem Romantikfaktor

Restaurante Carmen **2**

Das schmucke Lokal erfreut mit Ballet-Wandgemälden das Auge, mit klassischer Musik das Ohr und mit breiter Auswahl sowie günstiger Cocktailbar den Gaumen.
Calle Maceo 6, T 01 3228 7902, tgl. 11–23 Uhr, 3–8 CUC

Der Renner bei Einheimischen

La Salsa **3**

Der Laden besticht mit supergünstigen leckeren Pizzen und Pasta (an Stehtischen oder zum Mitnehmen).
Parque Agramonte, tgl. 24 Std., 1–3 CUC

Bunte Kolonialfassaden machen Camagüey zu einer von Cubas schönsten Städten.

Auf ein Getränk
Café Ciudad ❹

Ein super Ort, um die Eindrücke beim leckeren Kaffee, Shake oder Cocktail sacken zu lassen – draußen am Platz oder drinnen inmitten historischer Sepiafotos.
Parque Agramonte, tgl. 9–21 Uhr, 0,50–2 CUC

Sissi-Charme in der Karibik
Paladar Casa Austria ❺

Hat Ihr Gaumen Heimweh? Ein hier lebender Österreicher verwöhnt ihn mit Wiener Schnitzel, Rostbraten, Apfelstrudel und Co. inmitten einer herrlich kitschigen Alpenstaat-Deko. Auch kreolische Klassiker werden aufgetischt.
Calle Lugareño 121, T 01 3228 5580, tgl. 7.30–23 Uhr, 8–12 CUC

· ·

🛍 **Stöbern & entdecken**

Kreativschmiede
Galería Larios ❶

Schauen Sie Künstlern über die Schulter und ergattern ein originelles Mitbringsel.
Calle Independencia 301, tgl. 9–21 Uhr

Skurrile Skulpturen
Taller Martha Jiménez

Die Skulpturen und Gemälde der bekannten Künstlerin sind witzig und fantasievoll, haben aber ihren stolzen Preis.
Plaza del Carmen, www.martha-jimenez.es, tgl. 8–20 Uhr

›Große‹ Kunst
Magdiel García Almanza

Lassen Sie sich nicht von der Größe der Edelholz-Kunstwerke abschrecken. Sie sind oft aus Einzelteilen zusammengesetzt und haben bewegliche Komponenten – das Markenzeichen des Künstlers.
Calle San Juan de Dios No. 26 B, www.magdiel escultor.com, tgl. 9–20 Uhr

Markt der Märkte
Mercado Agropecuario ❹

Der größte und sehenswerteste Bauernmarkt des Landes.
Am Río Hatibonico, tgl. 7–18 Uhr

· ·

☀ **Wenn die Nacht beginnt**

Wochenendmusik
La Bigornia ❶

Netter Platz für einen Drink, vor allem wenn Fr–So ab 21 Uhr Bands aufdrehen.
Calle República 394, tgl. 11–23 Uhr

Ballett unterm Kronleuchter
Teatro Principal ❷
Buntglasfenster, Stuckdecken, Marmortreppen und Kronleuchter: In diesem Ambiente tritt das namhafte Ballet de Camagüey auf.
Calle Padre Valencia 64, T 01 3229 3048, Fr–Sa ab 20.30, So 17 Uhr, 5 CUC

Hexenkessel …
Bar Casablanca ❸
Tagsüber ein großes elegantes Restaurant, bringen am Wochenende um 22.30 Uhr Livebands und Shows den Laden zum Kochen.
Callejón de los Milagros, tgl. 21–2 Uhr, 1–5 CUC

Liverpool goes Cuba
Bar Yesterday ❹
Die Beatles haben es sogar bis Camagüey geschafft und lauschen hier als fotogene Statuen rockigeren Tönen.
Av. República 222, tgl. 12.30–24 Uhr

Belebte bunte Bar
Bar El Cambio ❺
Die kleine Kneipe schmücken Graffitis, Keramik-Murales und diverser Schnickschnack.
Parque Agramonte, tgl. 10–22 Uhr

Haus der Troubadoure
Casa de la Trova ❻
Nachmittags und abends sorgen Troubadoure im wundervollen Kolonialhof für Stimmung.
Parque Agramonte, Mo–Sa 15–1, So 12–15, 20.30–1 Uhr, 1–3 CUC

 Sport & Aktivitäten

Stadttouren, Tanzkurse, Ausflüge
Camaguax ❶
Av. República 155 (Apto. 7), T 01 3228 7364 und 01 5864 2328 (mobil), www.camaguax.com, Mo–Sa 8.30–17.30 Uhr

INFOS

Infotur: Callejón de los Milagros, T 01 3226 5807, Mo–Sa 9–17 Uhr

Busse: Víazul, Carretera Central, 3 km südöstl. des Zentrums, 1 x tgl. nach Playa Santa Lucía, Trinidad und Varadero sowie 5 x tgl. nach Havanna und Santiago de Cuba

TERMINE

Fiestas de la Cultura Camagüeyana: Anfang Feb., Feier zur Stadtgründung von Camagüey
Semana Santa: Karfreitag und Ostersonntag, Osterprozessionen
Festival San Juan: 24.–29. Juni, Karnevalsparaden

IN DER UMGEBUNG

Stadtfluchten
Zwei waldreiche Hügelketten erheben sich um Camagüey: In der Sierra de Cubitas liegt etwa 26 km nördlich der Stadt die **Reserva Ecológica Limones-Tuabaquey** (🗺 O 5) mit der mehr als 1 Mio. Jahre alten Schlucht **Paso de los Paredones** und Cubas größter Karstsenke, dem **Hoyo de Bonet.** Etwa 55 km südöstlich von Camagüey liegen in der vogelreichen Sierra del Chorillo die rustikale **Hacienda La Belén** (🗺 O 6; T 01 3286 4349, zehn einfache DZ, ab 35 CUC) und Reste des versteinerten Waldes **Bosque Fósil de Najasa** (🗺 O 7).

Ein Traum von einem Strand
Der beste Strandabschnitt an der insgesamt 21 km langen Playa Santa Lucía 110 km nordöstlich von Camagüey ist die westliche **Playa Los Cocos** (🗺 P 5) mit guten Restaurants und Pensionen wie der **Casa Eduardo Basulto** (La Boca, Casa No. 39 B, T 01 5283 1316 (mobil), eduardo66maifd@nauta.cu, DZ 25 CUC).

Hai-Light für Taucher
Am hiesigen, 40 km langen Korallenriff locken ausgezeichnete Tauchspots (**Shark's Friends,** neben dem Hotel Brisas Santa Lucía, auch Haifütterungen, T 01 3236 5135/82, www.cuba-diving.de).

Ostcuba

Der ›wilde Osten‹ macht seinem Namen alle Ehre: mit dem temperamentvollsten Karneval in Santiago de Cuba, in dessen kolonialen Gassen die Sounds verschiedenster Musikstile widerhallen. Mit einer Natur, die von Halbwüsten bis zu Regenwäldern reicht und im Humboldtpark und in der steilen Sierra Maestra noch besonders urwüchsig ist. Vor allem aber mit einer rebellischen Energie, die ihresgleichen sucht und mit zwei hier begonnenen Unabhängigkeitskriegen und den Guerilleros um Castro ihre stärksten Ausrufezeichen setzte.

Holguín 📍 R 7

Cubas viertgrößte Stadt (295 000 Einw.) ist eher eine Durchgangsstation zu den Stränden des Nordens. Eine erfolgreiche Performance zur Kolonialzeit gelang Holguín auch nicht, sodass heute nur wenige Prachtbauten das Stadtbild prägen. Macht nichts, denn als ›Stadt der Plätze‹ entfaltet sie ihren eigenen Charme und lockt mit tollem Nachtleben.

Aus der Vogelperspektive

Die **Loma de la Cruz** am nördlichen Ende der Calle Maceo bekam ihren Namen von dem Kreuz, das ein Mönch hier 1790 hinaufschleppte. Die meisten kommen auch ohne Last nach 458 Stufen japsend oben an. Doch die Mühe lohnt. Vom Hügel eröffnet sich ein fantastischer Blick über die Stadt und die Plätze, die sich wie an einer Perlenkette aufreihen.

Drinnen und draußen top!

Am meisten Trubel herrscht am **Parque Calixto García.** Schauen Sie sich das Kolonialgebäude im Norden mal näher an. Im 19. Jh. eine Kaserne, beherbergt es heute das **Museo de Historia Provincial** mit archäologischen Fundstücken und Exponaten zur lokalen Musikgeschichte.

Di–Sa 8–16.30, So 8–12 Uhr, 1 CUC, Fotos 5 CUC

ÜBRIGENS

Das Museo de Historia Provincial heißt im Volksmund auch ›Papageienkäfig‹ *(periquera)*. Denn als sich hier die bunt gekleideten spanischen Soldaten vor Unabhängigkeitskämpfern verschanzten, spotteten Letztere: »Papageien, raus aus eurem Käfig.« Die ›bunten Vögel‹ konnten ihre Stellung aber erfolgreich halten.

🏠 Kunst-Haus
Hospedaje La Palma

Der charismatische, englischsprachige Vermieter bezaubert, die neokoloniale Villa mit Kunstwerken, großem Garten mit Sportmöglichkeiten und Bar sowie zwei ansehnlichen Zimmern auch.

Calle Maceo 52 A, zw. 16 u. 18, T 01 2442 4683, lapalmaenrique@nauta.cu, DZ 25 CUC

🏠 Die Kavallerie lässt grüßen!
Hotel E Caballeriza

Das schmucke Kolonialhaus, einst Basis der Kavallerie, steht dekorativ wie seine 21 Zimmer ganz im Zeichen der Pferde.

Calle Miró 203, zw. Luz Caballero u. Aricochea, T 01 2442 9191, www.cubanacan.cu, DZ um 70 CUC

🍴 GENUSS großgeschrieben
Paladar 1910

Mit seiner Eleganz, den raffinierten Speisen, guten Cocktails und großer Weinauswahl zählt das ›1910‹ zu den besten Adressen der Stadt.

Calle Mártires 143, zw. Aricochea u. Cables, T 01 2442 3994, auf Facebook, tgl. 12–24 Uhr, 4–8 CUC

🍴 Lässt Einheimische schwärmen
Paladar 1882 Avilés

Faire Preise, üppige Portionen (gut: *ajiaco* und *ropa vieja*), supernetter Service und das gemütliche Ambiente – kein Wunder, dass das Lokal ein Renner ist.

Calle Frexes 182, zw. Miró u. Morales Lemus, T 01 2445 4373, Fr–Mi 12–23 Uhr, um 5 CUC

🍴 Für alle etwas
Shambalá Bar & Tapas

Soll's nur ein leckerer Cocktail, Appetizer oder Salat sein oder wollen Sie in die Vollen gehen, z. B. mit einer Wurst-Käseplatte? In der schummrig-gemütlichen Bar ist man auf fast alle Wünsche eingestellt.

Plaza de la Marqueta, T 01 5815 2805 (mobil), auf Facebook, tgl. 11–1 Uhr, 2–6 CUC

🛍 Kunsthandwerk und mehr

Könnte es zum Shoppen einen besseren Ort geben als die wundervoll restaurierte Markthalle von 1848?

Plaza de la Marqueta, Mo–Sa 10–18 Uhr

Gesunde Vitamine naschen? Kein Problem mehr, seit das Angebot auf den Bauern-märkten in den letzten Jahren deutlich zugenommen hat.

✿ Stimmungsmacher
Casa de la Trova
Gute Bands bringen Leben in die Bude, und danach treibt die Disco den Stim-mungspegel noch höher.
Parque Calixto García, Di–So ab 22 Uhr, 1 CUC

✿ Tanztempel
Casa de la Música
Viele Holguíneros glühen auf der Dachbar vor und legen dann beim Konzert oder in der Disco eine heiße Sohle aufs Parkett.
Parque Calixto García, tgl. ab 17 Uhr, 3–5 CUC

✿ Unterm Sternenhimmel …
Bar Terraza 1720
Feiern Sie auf der Dachterrasse bei Livemusik unterm Sternenhimmel.
Calle Frexes 190, Ecke Miró, Di–So 12–1 Uhr, 1 CUC

❶ Infos und Termine
Infotur: Parque Calixto García (Edificio Cristal), T 01 2442 5013, Mo–Fr 9–17, Sa 9–12 Uhr
Busse: Víazul, Carretera Central, Ecke Independencia, 1 x tgl. nach Trinidad und Varadero, 3–4 x tgl. nach Havanna und Santiago de Cuba
Flughafen: Aeropuerto Internacional Frank País, 12 km südl. des Zentrums,
T 01 2446 2512, Taxi vom/zum Zentrum 15 CUC
Romerías de Mayo: 2.–8. Mai, Prozes-sionen auf den Loma de la Cruz (3.5.), viele Kulturveranstaltungen auf den Straßen, www.romeriasdemayo.cult.cu

Gibara 🗺 R 6

32 km nördlich von Holguín schmiegt sich die kleine Stadt (20 000 Einw.) an eine Bucht, in der Fischerboote dümpeln. 1817 gegründet, zählte Gibara im 19. Jh. zu Ostcubas wichtigsten Handels-häfen, verfiel danach aber in einen Dornröschenschlaf und wartet darauf, vom (touristischen) Prinzen wachgeküsst zu werden.

Die zwei Seiten einer Medaille
Mit nur wenigen Sights gesegnet, wird das wohl noch dauern, aber wer Authen-tizität sucht, kommt auf seine Kosten. Erahnen lässt sich der ehemalige Glanz der neoklassizistischen Perle von der **Panorama-Bar El Mirador** aus und am Parque Calixto García mit dem **Museo de Historia Natural** (Mo 13–17, Di–Sa 9–17, So 9–12 Uhr, 2 CUC, Fotos 2 CUC).

»Von dort, wo die Palme wächst« stammen Songs wie »Guantanamera« …

🏠 Malerisch am Meer
Hostal Sol y Mar
Unter den Pensionen sticht diese mit futuristischem Kunstlook, fünf stilvollen Zimmern und wundervollen Terrassen mit Meerblick hervor.
Calle J. Peralta 59, T 01 5240 2164 (mobil), hostalsolymargibara.jimdo.com, DZ 20–25 CUC

🍴 Das Auge isst mit
Paladar Vista Azul
Bei der fantastischen Aussicht munden die guten Meeresfrüchte noch besser.
Av. Lenin 6, T 01 5223 4107 (mobil), tgl. 12–21 Uhr, um 5 CUC

🎨 Skulpturales
Asociación de Artesanos Artistas
Sehenswerte und z. T. verkäufliche Skulpturen.
Calle Independencia 53, Ecke Agüero, Mo–Fr 9–15 Uhr

ℹ Infos
Keine Touristenbusse, aber es pendeln **Sammeltaxis** (*colectivos,* 4–5 CUC) zwischen Holguín und Gibara.

Guardalavaca 🗺 R 6

Ostcubas bedeutendstes Strand-zentrum bietet eine attraktive Mischung aus grünen Hügeln, feinsandigen Strandbuchten und kulturellen Ausflugszielen (▶ S. 90) vor der Haustür.

Welcher Strand darf's denn sein?
Playa Guardalavaca ist der bekann-teste Strand und zudem der einzige mit Pensionen neben den All-inclusive-Tem-peln (s. www.gaviotahotels.com und www.meliacuba.com). Westlich locken in 500 bis 1500 m langen Sandbuchten mit Riffen weitere Paradiese: Die **Playa Esmeralda** (6 km westl.) begeistert mit dem intensiven Farbspiel des Wassers und dem **Sendero Las Guanas** (archäolog. Naturpfad; tgl. 8.30–17 Uhr, 3 CUC). Abgelegener (18 km westl. von Guardala-vaca) sind die **Playa Pesquero** und die **Playa Yuraguanal,** wo der **Parque Rocazul** (tgl. 9–17 Uhr, Wanderungen 8–16 CUC) erkundet werden will.

🏠 Hier stimmt einfach alles
Villa Bely
An dieser super *casa* mit rustikaler Steinfassade, drei blitzsauberen und komfortablen Zimmern und leckerem Restaurant im grünen Hof kommt man fast nicht vorbei.

Guardalavaca heißt: »Pass auf die Kuh auf.« Woher der Name kommt? Schuld sind die Piraten, die in dieser von Viehwirtschaft geprägten Region auch so manches Rind raubten.

Los Pozos 262, Westende von Guardalavaca, vor der Brücke rechts, T 01 5261 4192 (mobil), villabely@gmail.com, DZ 30 CUC

🖐 Klippenschmaus
Paladar La Maison
Der Meerblick ist vom Feinsten, und auch die Meeresfrüchte können sich sehen, pardon: schmecken lassen.
Westende von Guardalavaca, T 01 5348 0839 (mobil), auf Facebook, tgl. 11.30–22.30 Uhr, 6–12 CUC

🌀 Wasserabenteuer
Marina Bahía de Naranjo
Jetski- (29 CUC) und Katamaran-Fahrten (79 CUC).
8 km südwestl. von Guardalavaca, T 01 2443 0119, www.nauticamarlin.com, tgl. 9–16.30 Uhr

Bayamo 📍 Q 8

1513 als zweite von Cubas sieben ersten Siedlungen gegründet, stieg Bayamo schnell zum reichen Zuckerzentrum auf. Die meisten kolonialen Zeugnisse fielen zwar einem Brand zum Opfer, doch strahlt die Provinzhauptstadt (160 000 Einw.) trotzdem historisches Flair aus und ist zudem eine der elegantesten Städte Cubas.

Kein Zentimeter dem Feind!
Man schrieb den 11. Juni 1868, als etwas Ungeheuerliches passierte: Im Beisein der spanischen Obrigkeit wurde erstmals Cubas Nationalhymne »La Bayamesa« gesungen, mit Inbrunst. ›Tatort‹ war die **Iglesia Mayor de San Salvador,** Cubas einziges Gotteshaus mit einem politischen Bildnis (Plaza del Himno, Mo–Fr 9–12, 15–17, Sa 9–12, So 9–10.30 Uhr). Es zeigt die Segnung der Unabhängigkeitskämpfer mit ihrer Flagge. Die 1733–1740 erbaute Kapelle mit maurischer Holzdecke und vergoldetem Barockaltar überstand als eines der wenigen Gebäude den Stadtbrand. Die Brandstifter waren die Bayameser selbst, die ihre Stadt lieber in Flammen setzten, als sie den Spaniern zu überlassen!

Eine der Galionsfiguren der Aufständischen war Carlos Manuel de Céspedes (1819–1874), der ›Vater des Vaterlandes‹. Der Plantagenbesitzer, von dessen Wohlstand das antike Mobiliar seines Geburtshauses **Casa Natal de Céspedes** zeugt, ließ im Oktober 1868 seine Sklaven frei und rief den Ersten Unabhängigkeitskrieg aus (Parque Céspedes, Di–Sa 9–17, So 10–13.30 Uhr, 1 CUC).

Fast wie im richtigen Leben
Auf dem schönen **Boulevard** beeindruckt Cubas einziges Wachsmuseum, das **Museo de Cera.** Die Figuren (u. a. José Martí, Ernest Hemingway, Compay Segundo und Benny Moré) wirken derart lebensecht, dass man ihnen die Hand schütteln möchte.
Calle General García, zw. Masó u. Socorro, Di–Fr 9–17, Sa 10–13, 19–22, So 9–12 Uhr, 1 CUC, Fotos 5 CUC

🏠 Was will man mehr?
Villa Leon
Zwei hübsche Zimmer, herzliche Vermieter, eine Top-Lage, WLAN vor der Haustür!
Calle Donato Mármol 154, Ecke Parada, T 01 5495 5770 (mobil), danilovillaleon@nauta.cu, DZ 25 CUC

🏠 Hoher Wohlfühlfaktor
Casa de la Amistad
Mit dem großen eleganten Apartment, das über eine Küche verfügt, WLAN und Dachterrasse fahren die netten englischsprachigen Vermieter viel Komfort auf.
Calle Pío Rosado 60, zw. Narciso López u. Rámirez, T 01 2342 5769 und 01 5378 7442 (mobil), gabytellez2003@gmail.com, 25–30 CUC

🖐 Platzhirsch
Paladar La Cuchipapa
Das angesagte Lokal zeichnet sich durch viel Liebe zum Detail aus – vom rustikalen Weinkeller-Charme bis hin zu den Grillspeisen und lokalen Spezialitäten wie Eintopf *(ajiaco)* und Fladenbrot *(casabe).* Ab und zu Livemusik.
Calle Parada, Ecke Donato Mármol, T 01 5239 8905 (mobil), auf Facebook, tgl. 11 Uhr bis spätnachts

12

Ein fremder Kosmos – Aldea Taína und Chorro de Maíta

Die Kultur der Taínos war zwar nicht so hoch entwickelt wie jene der Inkas oder Mayas, brachte aber bemerkenswerte Handwerkskunst, Agrartechniken, komplexe Sozialverbände und einen religiösen Kosmos hervor. Davon erzählt ▼ der größte Indianerfriedhof der Karibik.

Die indianische Kultur Cubas fiel schnell der Conquista zum Opfer, und bis Mitte des 16. Jh. hatten Epidemien, Krieg und Zwangsarbeit fast die gesamte Urbevölkerung ausgerottet. Ein paar indianische Wörter gingen zwar in die spanische Sprache ein, z. B. *hamaca* (Hängematte), *huracán* (Hurrikan), *maíz* (Mais), *maní* (Erdnuss) und *tabaco* (Tabak). Den Großteil ihrer Kultur nahmen die Taínos jedoch mit ins Grab.

Bekehrt?

Als Bauern 1986 in den Yaguajay-Hügeln die Erde pflügten, stießen sie auf unzählige Knochen. Die Archäologen gruben tiefer und entdeckten 108 Gräber aus den Jahren 1490 bis 1540, zu sehen im **Museo Chorro de Maíta** `1`. Die meisten Skelette fanden in der indianischen Fötushaltung ihre letzte Ruhe, einige haben aber die Arme über der Brust gekreuzt. Vermutlich wurden sie von einem europäischen Missionar, dessen Gerippe hier ebenfalls zutage gefördert wurde, dazu bekehrt, sich nach christlicher Sitte bestatten zu lassen.

Bewahrt!

Damit noch nicht genug der Überraschungen: Eines der weiblichen Skelette mit außergewöhnlich reichem Grabschmuck ordnen die Forscher einer hochgestellten Person zu. Die im Grab gefundene goldene Vogelfigur symbolisiert den mythologisch bedeutenden Specht und die Gottheit Inriri Cahubabayael, Sohn von Mutter Erde. Inriri soll mit seinem Schnabel die weibliche Vagina geschaffen und so den Fortbestand der Taínos gesichert haben.

G
GEISTER

Weitere Schaukästen des Museums zeigen Werkzeuge, Keramikgefäße, Ohrgehänge aus Gold, Silber und Kupfer sowie Trigonoliten, dreieckige Steine mit eingeritzten Naturgeist-Tierfiguren.

Berauscht!

Gegenüber vom Museum veranschaulichen im nachgebauten Dorf **Aldea Taína** lebensgroße Figuren den Alltag der Taínos: Ein Mann bohrt mit einem Grabstock *(coa)* Pflanzlöcher, während Frauen das Haupternteprodukt Yucca zu Mehl reiben, um daraus auf Tonplatten Fladenbrote *(casabe)* zu backen. Die hölzernen Rundhütten *(bohíos)* mit Palmwedeldächern sind der Prototyp des heutigen cubanischen Bauernhauses. Und hätten Sie gedacht, dass auch die Hängematte eine indianische Erfindung ist?

Auf dem mittigen Dorfplatz *(batey)* fanden unterschiedlichste Zeremonien statt. Hier tanzt sich eine Gruppe bei Fruchtbarkeitsriten *(areytos)* in Trance. In einer Hütte inhaliert der Häuptling *(kazike)* bei der *cohoba*-Zeremonie durch ein gegabeltes Rohr über beide Nasenlöcher Tabakrauch, um im Rauschzustand in Kontakt zu den Göttern zu treten. Nebenan behandelt ein Medizinmann *(behike)* eine kranke Frau. Dafür löste er mit einem Ritualstab Erbrechen aus, denn körperliche und spirituelle Reinigung gingen einher.

N NOCH WAS?

Weitere Einblicke in die Taíno-Kultur vermittelt 30 km südöstlich von Chorro de Maíta das **Museo Indocubano** **2** in Banes.

INFOS/ÖFFNUNGSZEITEN
Museo Chorro de Maíta/Aldea Taína
1: 6 km südöstl. von Guardalavaca, Di–Sa 9–17, So 9–13 bzw. tgl. 9–16.30 Uhr, Museum 2 CUC, Fotos 5 CUC, Taíno-Dorf 5 CUC
Museo Indocubano **2**: in Banes, Calle General Marrero 305, Ecke Martí, Di–Sa 9–17, So 8–12 Uhr, 1 CUC, Fotos 5 CUC
Anfahrt: Die **Guardalavaca Bus Tour** **1** startet mehrmals tgl. von den Hotels in Guardalavaca nach Chorro de Maíta (Tagesticket 5 CUC). Selbstfahrer biegen auf der Straße von Guardalavaca nach Banes nach 4 km rechts ab (noch 2 km).

GEGARTES IM GARTEN
Der **Paladar El Uvero** **1** (500 m westl. des Abzweigs zur Aldea Taína,

T 01 5239 3571, www.eluvero.phpnet. us, tgl. 11.30–22 Uhr, 8,50–11 CUC), tischt im schönen Garten lecker auf.

☼ Treffpunkt der Troubadoure
Casa de la Trova
Der koloniale Hof lädt schon tagsüber zum Drink ein und erwacht abends bei traditionellen Klängen zum Leben.
Calle Maceo 111, Ecke Martí, Di–So ab 21 Uhr, 1 CUC

☁ Die besten Touren
Bayamo Travel Agent
Privater Anbieter mit breitem Ausflugsprogramm.
Carretera Central 478 (gegenüber vom Nationalen Busbahnhof), T 01 5292 2209 (mobil), www.bayamotravelagent.com, tgl. 8–19 Uhr

❶ Infos
Infotur: Plaza del Himno, T 01 2342 3468, Mo–Fr 8.30–17 Uhr
Busse: Víazul, Carretera Central, Ecke Jesús Rabí, 1 x tgl. nach Trinidad und Varadero, 3–4 x tgl. nach Havanna und Santiago de Cuba

··
IN DER UMGEBUNG
··

Wilder wird's nimmer
Lust auf echte Wildnis, gewürzt mit spannenden Revolutionsgeschichten? Dann schnüren Sie die Wanderschuhe und machen sich auf in Cubas höchstes Gebirge, in dessen Nebelwäldern Castro und Co. einst untertauchten. Etwa 80 km südwestlich von Bayamo starten vom Ort Santo Domingo (Pass vorzeigen, nur mit Führer, früh aufbrechen) Treks durch die **Sierra Maestra** (🗺 P/Q 8). Die leichtere Tour führt zur **Comandancia de la Plata**, dem ehemaligen Hauptquartier der Guerilleros (7 km, 27 CUC, Fotos 5 CUC). Hier wurde der revolutionäre Funke entfacht, der schnell auf die Bauern übersprang, denn die Region war bitterarm und blickte zudem auf eine lange Tradition des Widerstandes zurück. Der Lohn der anstrengenderen Route auf Cubas höchsten Gipfel **Pico Turquino** (1974 m, 26 km, 57 CUC pro Pers.) sind spektakuläre Ausblicke und eine Hüttenübernachtung im Bergwald. Im Ort wartet die **Villa Santo Domingo** mit Bungalows und schmucken Holzhütten

Der Beginn der Revolution stand unter keinem guten Stern. In einem Hinterhalt wurde Castros 82 Mann starke, völlig erschöpfte Gruppe aufgerieben. Nur 14 Guerilleros konnten sich bis zur Sierra Maestra durchschlagen. Castros Optimismus blieb ungebrochen: »Jetzt werden wir diesen Krieg gewinnen!«

auf Gäste (T 01 2356 5568, www.islazul.cu, DZ 65–90 CUC).

Historischer Hotspot
Es war die hiesige Küste, im Parque **Desembarco del Granma** (🗺 O 9; tgl. 8–17 Uhr, 5 CUC, Pass mitnehmen) rund 150 km südwestlich von Bayamo, an die ein Sturm die Jacht ›Granma‹ (▶ S. 27) am 2. Dezember 1956 schleuderte. Von den dramatischen Ereignissen berichten ein Museum und eine Nachbildung des Bootes. Auch weiter südlich bleibt es spannend: Hier führt ein kurzer **Lehrpfad durch Trockenwälder** mit über 600 Pflanzenarten, darunter uralte baumhohe Kakteen, zu indianischen Relikten.

Santiagos architektonische Palette reicht von Straßen mit marodem Charme bis zu restaurierten Prachtbauten.

Santiago de Cuba

📖 R/S 8

Cubas zweitgrößte Stadt (435 000 Einw.) begeistert durch ihre Vielfalt: Das beginnt mit der reizvollen Lage an einer Bucht und den Ausläufern der Sierra Maestra. Im prächtig restaurierten Zentrum warten Zeitreisen verschiedenster Art. Hinzu kommt ein reiches Kulturleben, das sich vor allem in einer vibrierenden Musikszene niederschlägt. Und wer genug Geschichte und Kultur getankt hat, ›flieht‹ vor die Tore der Stadt ins Grüne.

WAS TUN IN SANTIAGO DE CUBA?

Was ist wo?
Von der historischen Treppe **Padre Pico** 1 eröffnet sich ein fantastischer Blick bis zum Hafen. Schnell wird klar, warum Santiago als ›hügeligste Hafenstadt der Welt‹ gilt. In der **Maqueta** 2 (Di–So 9–21 Uhr, Fotos 1 CUC), einem Stadtmodell im Maßstab 1 : 1000, können Sie schauen, wo ihre Pension im Häusermeer liegt. Infotafeln veranschaulichen die Phasen der Stadtentwicklung, zudem lockt ein tolles Panoramacafé.

Koloniale Kleinodien
Das 1514 gegründete Santiago gehörte schnell zu den bedeutendsten Städten Cubas und trug von 1522 bis 1607 sogar den Hauptstadttitel, ehe dieser nach Havanna wanderte. Kupferbergbau und der Hafen, in dem die Silberflotte vor Anker ging, bescherten der Stadt so viel Bedeutung, dass Eroberer und Gouverneur Diego de Velázquez beschloss, von hier aus die Geschicke der Insel zu leiten. Don Diego lebte in Cubas ältestem Gebäude (1519), der **Casa de Diego Velázquez** 3, in der heute das **Museo de Ambiente Histórico Cubano** die adlig-koloniale Lebensart des 16.–19. Jh. zeigt (Mo–Do 9–16.30, Fr 13.30–16.30, Sa/So 9–16 Uhr, Führung 2 CUC, Fotos

5 CUC). Santiagos Wahrzeichen, die **Catedral de Nuestra Señora de la Asunción** 4 (Mo–Fr 9–12, 16–18, Sa 9–12 Uhr, Turmbesteigung Mo–Sa 9–18 Uhr, 1 CUC), spendete dem Kolonialsystem seit 1520 Segen, schien aber selbst unter keinem günstigen Stern zu stehen. Wegen Piratenüberfällen und Erdbeben musste das Gotteshaus bis 1922 mehrfach umgebaut werden. Heute erstrahlt es frisch renoviert und besticht durch reich verzierte Altäre, Deckenfresken, eine Orgel mit goldenen Pfeifen und einen super Ausblick vom Turm.

Der revolutionäre Auftakt …
… mit dem Sturm auf Santiagos Kaserne **Cuartel Moncada** 5 am 26. Juli 1953 endete zunächst in einem Desaster. Die meisten Rebellen starben im Kampf oder unter Folter; nur wenige, darunter Raúl und Fidel Castro, kamen mit Haftstrafen davon. Das beeindruckende Museum dokumentiert den Angriff und die Zustände vor und nach der Revolution.
Di–Sa 9–17, So/Mo 9–13 Uhr, 2 CUC, Fotos 5 CUC

Totenacker der Prominenz
Die Gefallenen des Ersten Unabhängigkeitskrieges belegten schnell die Friedhöfe. Also musste ein neuer, größerer her. Und was für einer! Im Gräbermeer des **Cementerio Santa Ifigenia** 6 liegt viel Prominenz begraben, allen voran in einem 22 m hohen Mausoleum der Dichter und Befreiungskämpfer José Martí (1853–1895). Erstaunlich schlicht ist nebenan das berühmte ›Felsblock-Grab‹ Fidel Castros (1926–2016).
3 km nordwestl. des Zentrums, tgl. 8–18 Uhr, 3 CUC, zu Fidel Castros Grab frei, Fotos 5 CUC

MUSEEN, DIE LOHNEN

Lust auf eines der besten Museen Cubas?
Der Rummagnat, Bürgermeister und Kunstsammler Bacardí gründete es 1899 als erstes des Landes in einem neoklassizistischen Prachtbau. Das Erdgeschoss des **Museo Emilio Bacardí** 7 (Mo–Do

93

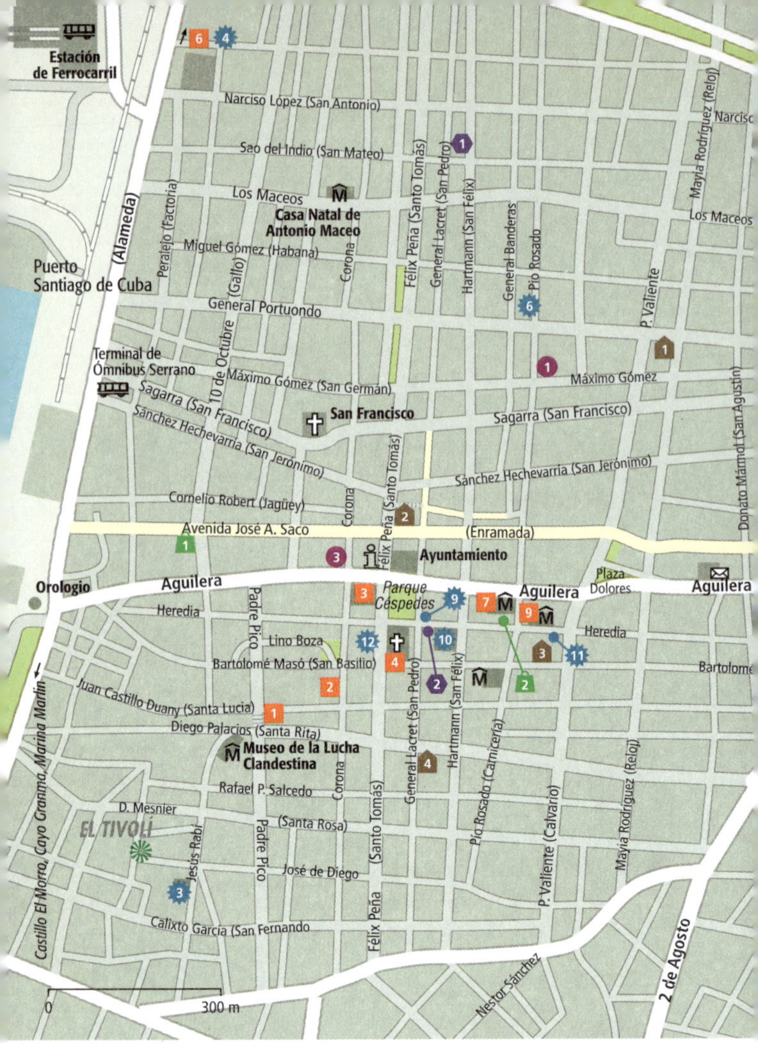

Estación de Ferrocarril
Narciso López (San Antonio)
Sao del Indio (San Mateo)
Los Maceos
Casa Natal de Antonio Maceo
Miguel Gómez (Habana)
Puerto Santiago de Cuba
(Alameda)
Peralejo (Factoría)
(Gallo)
Corona
Félix Peña (Santo Tomás)
General Lacret (San Pedro)
Hartmann (San Félix)
General Banderas
Pío Rosado
Mayía Rodríguez (Reloj)
Narciso
Los Maceos
P. Valiente
General Portuondo
Terminal de Ómnibus Serrano
10 de Octubre
Máximo Gómez (San Germán)
Máximo Gómez
Sagarra (San Francisco)
Sánchez Hechevarría (San Jerónimo)
San Francisco
Sagarra (San Francisco)
Sánchez Hechevarría (San Jerónimo)
Donato Mármol (San Agustín)
Cornelio Robert (Jagüey)
Félix Peña (Santo Tomás)
Avenida José A. Saco
(Enramada)
Ayuntamiento
Orologio
Aguilera
Parque Céspedes
Aguilera
Plaza Dolores
Aguilera
Heredia
Padre Pico
Lino Boza
Bartolomé Masó (San Basilio)
Heredia
Bartolomé
Juan Castillo Duany (Santa Lucía)
Diego Palacios (Santa Rita)
Museo de la Lucha Clandestina
General Lacret (San Pedro)
Hartmann (San Félix)
Pío Rosado (Carnicería)
Mayía Rodríguez (Reloj)
Rafael P. Salcedo
Corona
D. Mesnier
EL TIVOLÍ
(Santa Rosa)
Padre Pico
Jesús Rabí
(Santo Tomás)
P. Valiente (Calvario)
José de Diego
Castillo El Morro, Cayo Granma, Marina Marlín
Calixto García (San Fernando)
Félix Peña
Nestor Sánchez
2 de Agosto
0
300 m

F
FLANIER-MEILE

Lassen Sie sich in Santiago einfach mal treiben. Keine Straße eignet sich dafür besser als die lange, hübsch restaurierte Fußgängerzone der Avenida José A. Saco mit ihren Läden, Bars, Restaurants und viel buntem Volk.

9–17, Fr 9–13, Sa 9–19, So 9–15 Uhr, 2 CUC, Fotos 5 CUC) füllen archäologische Fundstücke, Exponate zu den Unabhängigkeitskriegen und Foltergeräte für Sklaven. Der erste Stock steht mit Skulpturen und Gemälden aus Cuba, Spanien, Italien und Deutschland im Zeichen der Kunst. Und im Keller wartet mit Mumien und Schrumpfköpfen eines Amazonas-Stammes ein kurioses Finale. Exotisch wirkt auch das **Museo de las Religiones Populares** 8 (Mo–Sa 10–17 Uhr, 3 CUC) im Villenviertel Vista

Sehenswert

1 Padre Pico
2 Maqueta
3 Casa de Diego Velázquez/Museo de Ambiente Histórico
4 Catedral de Nuestra Señora de la Asunción
5 Cuartel Moncada
6 Cementerio Santa Ifigenia
7 Museo Emilio Bacardí
8 Museo de las Religiones Populares
9 Museo El Carnaval

In fremden Betten

1 La Terraza Verde
2 Hotel E Imperial
3 Hotel E San Basilio
4 Terraza Pavo Real
5 La Hiedra

Satt & glücklich

1 Paladar Compay Gallo
2 St. Pauli Bar & Restaurante
3 Paladar Casa Micaela
4 Paladar Beijing/Pizzeria Roma
5 Paladar Salón Tropical

Stöbern & entdecken

1 Artesanías Art Deco und Proyecto Espiral
2 Librería La Escalera
3 Galería René Valdés

Wenn die Nacht beginnt

1 Tropicana
2 Casa del Caribe
3 Casa de las Tradiciones
4 Cine Duplex
5 Teatro El Quijote
6 Foco Cultural Tumba Francesa
7 Patio Los Dos Abuelos
8 Iris Jazz Club
9 Dachbar Hotel Casa Granda
10 Casa de la Trova
11 Patio Artex
12 La Claqueta

Sport & Aktivitäten

1 Sandunga Dance School
2 Cubatur
3 Spa Arizona

Alegre. Mit bunten Altären, Heiligenfiguren und rätselhaften Symbolen steht hier die afrocubanische Santería im Rampenlicht, die in Santiago besonders lebendig ist. Denn da aus Haiti geflohene Franzosen hier Ende des 18. Jh. einen Wirtschaftsboom ausgelöst hatten, stieg die Stadt schnell zu einem der wichtigsten Sklavenhäfen Cubas auf. Die Sklaven besaßen kaum noch etwas außer ihrem Glauben. Und diesen vermischten sie mit dem katholischen Heiligenkult (Synkretismus), um über Santa Bárbara, San Lázaro

und Co. weiterhin ihre Götter anbeten zu können. Clever!

....

SCHLEMMEN, SHOPPEN, SCHLAFEN

....

 In fremden Betten

Es grünt so grün
La Terraza Verde 1

Diese heimelige Casa lockt mit bunter Deko, vier schmucken Zimmern, z. T. mit

13

Wo selbst die Götter tanzen – **Santiago de Cuba**

Karibische Rhythmen liegen auf der Insel überall in der Luft, doch in Santiago de Cuba scheint diese davon regelrecht gesättigt zu sein. Im berauschenden Musikcocktail der temperamentvollsten Stadt Cubas sind Karneval und Rumba die exotischsten Zutaten.

Im Wettstreit mit Havanna hat die Ostmetropole zumindest in einer Disziplin die Nase vorn: Sie gilt als ›Hauptstadt des Karnevals‹, der nirgendwo lauter, bunter und lebendiger durch die Straßen tanzt als hier. Seit Ende des 17. Jh. verwandelt er die Stadt in einen Hexenkessel. Nach Ende der Zuckerernte ließen die Sklaven rund um den Tag des Schutzpatrons Sankt Jakobus (25. Juli) ihrem Temperament freien Lauf – toleriert von den Machthabern, die ihnen aus Angst vor Aufständen ein Ventil boten.

Eine Stadt im Rausch

Heute wetteifern Stadtviertel in Paraden *(congas de comparsa)* mit ausgefeilten Choreografien und Kostümen um Publikum und Jury. Auf den Festwagen tanzen sich Schönheiten mit prächtigem Feder- oder Hutschmuck in einen Rausch. Auch Pappfiguren *(muñecones)*, als afrocubanische Götter *(orishas)* verkleidete Tänzer und kostümierte Maskierte *(enmascaderos)* ziehen Blicke an. Aufgepeitscht werden sie alle von Trommlern, deren treibende Beats quäkende chinesische Trompeten *(cornetas chinas)* anreichern – ein Mitbringsel der asiatischen Migranten des 19. Jh.

Karneval verpasst? Dürftige Einblicke bietet das **Museo El Carnaval** 🟥9, das aber wegen der Show lohnt. Glamouröser ist das **Tropicana** ⚙, wo die besten Tänzer der Insel in einer Show mit starken afrocubanischen Wurzeln über die Bühne wirbeln.

Erotik liegt in der Luft

Auch die Rumba ist ein Teil der hier in Santiago besonders ausgeprägten Sklavenkultur. Basierend

SHOWTIME

Im Hof der **Casa del Caribe** 2️⃣ steigen regelmäßig *Peñas de la Rumba,* und in der rustikalen **Casa de las Tradiciones** ⚙ geht es bei Livemusik von Bolero bis Rumba ab. Die berühmten Ensembles ›Conjunto Folclórico del Oriente‹ und ›Ballet Folclórico Cutumba‹ treten im **Cine Duplex** ⚙ oder **Teatro El Quijote** ⚙ auf. Im 1862 von haitischen Sklaven gegründeten **Foco Cultural Tumba Francesa** 6️⃣ werden mit Originalinstrumenten aus Benin und in Kostümen des 19. Jh. höfische Menuette und Kontertänze afrikanisch transformiert. Hier zeigt sich die Stadt noch einmal von ihrer Schmelztiegel-Seite.

Bereits in der Sklavenzeit organisierten sich die afrikanischen Ethnien in Bruderschaften. Bis heute halten Folklorevereine mit von Stadtteil zu Stadtteil variierenden Trachten und Ritualen die afrocubanische Kultur lebendig.

auf spirituellen Tänzen auf den Plantagen, bildete sie sich Ende des 19. Jh. heraus und ist eng mit der Religion Santería verbunden. Denn jeder afrocubanische Gott lässt sich mit seinem eigenen Trommelrhythmus beschwören.

Von den drei Hauptrichtungen *yambú* (Imitieren von Senioren), *columbia* (akrobatischer Solotanz) und *guaguancó* ist Letzterer am verbreitetsten. Und am erotischsten, stellt er doch die Balz des Hahnes um die Henne nach: Offensiv umwirbt der Mann die Frau, die ihn zunächst mit Rock und Tuch abwehrt, ehe der Machismo siegt und es zuletzt doch zum ›Impfen‹ des Beckens *(vacunao)* kommt.

Aus der ›interkulturellen Besamung‹ (Fernando Ortiz) von afrikanischen Rhythmen mit spanischen Melodien ging Ende des 19. Jh. ein weiterer musikalischer Urtyp hervor. Santiago gilt auch als ›Wiege des Son‹ (Clubs ▶ S. 99).

INFOS/ÖFFNUNGSZEITEN

Museo El Carnaval `9`: Calle Heredia 303, Mo 14–17, Di–Sa 9–17, So 9–13 Uhr, Show Mo–Sa 16 Uhr, 1 CUC, Fotos 5 CUC

Tropicana `1`: Autopista Nacional KM 1,5, T 01 2264 2579, Fr und Sa ab 22 Uhr, ab 25 CUC

Casa del Caribe `2`: Calle 13 No. 154, Ecke 8, T 01 2264 3609, www.casadelcaribe.cult.cu, So um 18 Uhr

Casa de las Tradiciones `3`: Calle Jesús Rabí 154, tgl. ab 20 Uhr, Sa und So auch mittags, 2 CUC

Cine Duplex `4`: Av. Los Pinos am Kreisel (Rpto. José Martí), meist Fr, Sa oder So abends (T 01 2263 4996)

Teatro El Quijote `5`: Av. Victoriano Garzón, zw. 5 u. 6, T 01 2271 4104, meist Fr und Sa 20 und So 17 Uhr, 5 CUC

Foco Cultural Tumba Francesa `6`: Calle Pio Rosado 268, Di und Do 20 Uhr, 5 CUC

Faltplan: R/S 8 | **Cityplan:** S. 94

Die Frisur sitzt, das nächste Kompliment ist gewiss! Fast alle Inselbewohner legen großen Wert auf ihr Äußeres.

Balkon oder Küche und grün überwucherter Terrasse mit Ausblick. Englisch.
Calle Mayia Rodríguez 201, T 01 2262 4440 und 01 5284 5468 (mobil), rsilvacuba2012@gmail. com, DZ 25–30 CUC

Wie anno dazumal
Hotel E Imperial
Das edle Boutiquehotel war schon Anfang des 20. Jh. das beste Haus der Stadt – und ist es mit seinen 30 gediegenen Zimmern und der schmucken Panorama-Dachterrasse heute wieder.
Av. José A. Saco 251, T 01 2265 3021/22/23/24, www.hotelescubanacan.com, ab 100 CUC

Ein Schmuckstück
Hotel E San Basilio 3
Mit nur acht hübschen Zimmern rund um den grünen Hof bietet das Kolonialhaus viel Privatsphäre.
Calle Bartolomé Masó 403, T 01 2265 1702, www.cubanacan.cu, DZ ab 70 CUC

Bis ins letzte Detail …
Terraza Pavo Real 4
Das hübsche Kolonialhaus hat sich mit seinem idyllischen Hof, drei komfortablen Zimmern und der super Dachterrasse mit Orchideen, Pfau und guter Aussicht Qualität auf die Fahnen geschrieben.

Calle Diego Palacios 302, T 01 2265 8589, juanmarti13@yahoo.es, DZ 25 CUC

Jeden Cent wert
La Hiedra 5
Die grün berankte Villa setzt mit ihrer beeindruckenden Bibliothek, dem reizenden Innenhof und vier gehobenen Zimmern mit Terrasse Maßstäbe. Englisch.
Calle 13 No. 258, zw. 10 u. 12, Vista Alegre, T 01 2264 2961 und 01 5304 9191 (mobil), nanidelgado@nauta.cu, DZ 40 CUC

....

🍴 **Satt & glücklich**

Künstlerkneipen-Charme
Paladar Compay Gallo 1
Das tolle Ambiente mit kunstvoll dekorierten Wänden und urigen Steinmauern geht einher mit kreativer kreolischer Kost.
Calle Máximo Gómez 503, T 01 2265 8395, auf Facebook, tgl. 12–22.30 Uhr, 5–10 CUC

Kiez in der Karibik?
St. Pauli Bar & Restaurante 2
Nach einer Hamburg-Reise hat der Besitzer dem Kiez hier ein dekoratives Denkmal gesetzt. Auf der innovativen Speisekarte stehen Teriyaki-Krabben, Huhn in Schokosauce und vieles mehr.

In der Disco nebenan tanzen sich die Santiagueros in Ekstase.

Av. José A. Saco 605, T 01 2265 2292, Mo–Do 12–23, Fr–So 12–24 Uhr, 5–12 CUC

Mit künstlerischem Anstrich
Paladar Casa Micaela ❸

Der Look, die leckeren Cocktails und Gerichte sowie die Livemusik (Mo–Fr um 20.30 Uhr) ziehen viele Einheimische an. Ein guter Ort zum Vorglühen oder für den späten Hunger.

Calle Corona 564, T 01 2262 4927, tgl. 12–7 Uhr, um 5 CUC

Kuriose Kombi
Paladar Beijing/Pizzeria Roma ❹

Der Küchen-Mix mit asiatischen und italienischen Klassikern mutet seltsam an. Egal, beides mundet vorzüglich, weshalb der kleine Laden auch oft rappelvoll ist.

Av. Victoriano Garzón, Ecke 2, T 01 5314 5980 (mobil), Mi–Mo 12–15, 19–23, Di 19–23 Uhr, 3–6 CUC

Urgestein mit Erfolgsrezept
Paladar Salón Tropical ❺

… als da wären: hübsche Dachterrasse, variantenreiche Gerichte und Livemusik.

Calle Luis Fernández Marcané 310, zw. 9 u. 10, Santa Barbara, T 01 2264 1161, tgl. 12–24 Uhr, 6–12 CUC

··

🛍 Stöbern & entdecken

Kunsthandwerk im Doppelpack
Artesanías Art Deco & Proyecto Espiral

Recht große Souvenirquellen.

Av. José A. Saco, beide Di–Fr 9.30–18, Sa, So 10–22 Uhr

Bücher und mehr
Librería La Escalera ❷

Uriges Antiquariat, in dem manchmal ein Gitarrentrio aufspielt.

Calle Heredia 256, tgl. 10–22 Uhr

Sehens- und kaufenswert
Galería René Valdés ❸

Interessante Keramiken, Gemälde und Skulpturen, die z. T. zum Verkauf stehen.

Auch das nette Café lohnt den Besuch.

Av. Manduley 304, zw. 11 u. 13, Vista Alegre, auf Facebook, Mo–Fr 10–17, Sa 9–12.30 Uhr

··

Wenn die Nacht beginnt

Ruhigere Rhythmen
Patio Los Dos Abuelos ❼

Im Hof, wo abendlich Bolero- und Son-Stücke ertönen, treffen sich nicht nur zwei Großväter, sondern ein bunt gemischtes Ü-40-Publikum.

Plaza de Marte, promociones.egrem.co.cu, tgl. 21–2 Uhr, 1–2 CUC

Chillig und cool
Iris Jazz Club ❽

Santiagos kleine Latin-Jazz-Szene spielt in dem stimmungsvollen Laden groß auf.

Plaza de Marte, tgl. Konzerte ab 22 Uhr, 3 CUC

Stilvoller Sundowner
Dachbar Hotel Casa Granda ❾

Der Ausblick auf den Zentralplatz ist eine Wucht, vor allem zum Sonnenuntergang.

Parque Céspedes, tgl. 9–1 Uhr, 3 CUC, ab 18.30 Uhr, Happy Hour von 17–19 Uhr, 5 CUC (inkl. Drink, Pass vorzeigen)

Buena-Vista-Feeling en gros
Casa de la Trova ❿

Im legendären Son-Tempel sind schon unzählige Stars aufgetreten. Ab 11 Uhr geben sich hervorragende Bands die Klinke in die Hand.

Calle Heredia 206, auf Facebook, tgl. 11–1 Uhr, 1–10 CUC, abends meist 5 CUC

Eine Institution
Patio Artex ⓫

Der Laden ist mit seiner abwechslungs- reichen Livemusik voll angesagt.

Calle Heredia 304, tgl. 9–2 Uhr, Bands meist 11–13, 17–19, 20–1 Uhr, 1–2 CUC

Salsa unterm Sternenhimmel
La Claqueta ⓬

Salsa-Bands spielen Open Air auf, das Pu- blikum legt eine flotte Sohle aufs Parkett.

Calle Félix Peña, Ecke Masó, promociones.egrem. co.cu, Di–So 19–2, Bands ab 22 Uhr, 1–2 CUC

🛶 Sport & Aktivitäten

Wo die Sohlen glühen
Sandunga Dance School ❶
Santiago macht tanzend einfach mehr Spaß! Und den haben Sie hier mit dem supernetten Team reichlich.
Calle Hartmann 154, T 01 2266 9160 und 01 5480 6693 (mobil), auf Facebook

Auf ins Umland – Ausflüge
Cubatur ❷
Parque Céspedes, T 01 2268 7096, Mo–Fr 9–17, Sa 9–12 Uhr

Entspannungstempel
Spa Arizona ❸
Calle 10 No. 155, zw. 5 u. 7, Vista Alegre, T 01 2264 1685, www.spa-arizona.com, tgl. 12–23 Uhr

INFOS & TERMINE

Infotur: Parque Céspedes, T 01 2266 9401, tgl. 8–20 Uhr
Busse: Víazul, Av. Jesús Menéndez, Ecke Paseo de Martí, 1 x tgl. nach Trinidad und Varadero, 2 x tgl. nach Baracoa, 4 x tgl. nach Havanna
Festival de la Trova: Mitte März, traditionelle Musik
Boleros de Oro: Mitte bis Ende Juni, Tanzfestival
Fiesta del Fuego: Anfang Juli, viel Tanz, Straßentheater und Musik
Karneval: ▶ S. 96
Festival Jazz Plaza: Mitte Dezember, www.festivaljazzplaza.com

IN DER UMGEBUNG

Den Korsaren keine Chance
Santiagos Reichtum zog Piraten an wie Honig die Bären. Nachdem im 16. und 17. Jh. Freibeuter die Stadt immer wieder geplündert hatten, errichtete man 1643 das wuchtige **Castillo de San Pedro del Morro** (📖 R 8) an der Bucht, eine der am besten ausgerüsteten und modernsten Festungen in der Neuen Welt.

Sie lockt als Unesco-Welterbe mit super Aussicht, Piratenmuseum und Kanonenschusszeremonie bei Sonnenuntergang.
10 km südwestl. vom Zentrum, tgl. 8.30–19 Uhr, 4 CUC, Fotos 5 CUC

Pilgerstätte Nummer eins
Cubas bedeutendstes Gotteshaus ist auch eines der schönsten, wozu die wundervolle Lage in den Bergen beiträgt. Die **Basílica El Cobre** (📖 R 8) von 1927 ehrt die Virgen de la Caridad, die auch die afrocubanische Göttin Ochún verkörpert. Cubas Schutzheiliger werden Wunderkräfte zugesprochen, sodass sie sich vor Geschenken kaum retten kann.
20 km westl. von Santiago, tgl. 6.30–18 Uhr, Messen Mo, Di, Do–Sa 8, So 8, 10, 16 Uhr

Geschichtsstunden
Es war der frühe Morgen des 26. Juli 1953, als Fidel Castro seinen Mitstreitern auf der Hühnerfarm **Granjita Siboney** (📖 S 8) eröffnete, man werde heute, inmitten des Karnevalstaumels, die zweitgrößte Kaserne des Landes angreifen. Kurz darauf brach ein Autokorso zum Cuartel Moncada (▶ S. 93) auf. Das Farmmuseum gibt Einblicke in die Tage vor der Aktion (📖 R 8; 17 km südöstl. von Santiago, Mo 9–13, Di–So 9–17 Uhr, 1 CUC, Fotos 5 CUC). Nebenan dokumentiert das **Museo de la Guerra Hispano-Norteamericana** (Mo–Sa 9–17 Uhr, 1 CUC, Fotos 5 CUC) den Spanisch-Amerikanischen Krieg von 1898. Bereits nach einem halben Jahr besiegten die US-Truppen hier die Spanier. Die USA hissten ihr Sternenbanner in Santiago und übernahmen die Macht. Nun haben Ihre grauen Zellen aber eine Erfrischung verdient. Santiagos Hausstrand **Playa Siboney** (📖 S 8/9; 2 km südl.) spielt nicht in der Liga der Traumstrände, liegt aber zwischen malerischen grünen Hügeln und bietet günstige Privatunterkünfte.

Für jeden etwas
Sein Pflanzenreichtum bescherte dem **Parque Baconao** (📖 S 8/9) das Unesco-Prädikat ›Biosphärenreservat‹. Doch eigentlich ist die Natur mehr eine malerische Kulisse für den Mix aus

Freizeitattraktionen. Rund 12 km östlich der Playa Siboney überrascht das **Valle de la Prehistoria** (tgl. 8–17 Uhr, 1 CUC, Fotos 1 CUC): Ein T-rex schlägt die Zähne in seine Beute, Mammuts ziehen über die Steppe, Flugsaurier breiten die Schwingen aus. Über 200 Dinosaurier aus Beton beweisen: Auch Cuba hat seinen Jurassic Park! Oldies anderen Typs warten 3 km östlich im **Museo Nacional de Transportes** (tgl. 8–17 Uhr, 1 CUC, Fotos 1 CUC). Die Stars unter den Oldtimern sind ein Ford T von 1912, die Vehikel von Benny Moré und Raúl Castro sowie einige Raritäten. Der Knüller sind über 2500 Miniautos. Südlich stoßen Sie auf das **Mosaik des Nationalvogels Tocororo** und die **Comunidad Artística Verraco,** wo Sie den hier lebenden Künstlern bei der Arbeit zuschauen können. Die Straße führt nun entlang der Küste durch trockenere Landschaft. An der **Playa Cazonal** (🗺 S 9) öffnet ein Tagespass für 25 CUC die Türen zum besten Strand. Hier liegt mit dem **Club Amigo Carisol-Los Corales** (T 01 2235 6115, www.cubanacan.cu, ab 100 CUC all-incl.) mit 310 Zimmern, Garten und großem Pool auch die komfortabelste Bleibe. Die von Hügeln umgebene **Laguna Baconao** macht den würdigen Abschluss. Im Wasser sollen sich noch Delfine tummeln (Bootsfahrt 15 CUC), am Ufer führt ein kurzer Weg entlang. Oder Sie genießen bei kreolischer Küche von der Panorama-terrasse des **Restaurante Rolando** (tgl. 11–17 Uhr) das Ambiente.

Baracoa 🗺 U 8

Die malerische Küstenstadt (40 000 Einw.) legte einen furiosen historischen Auftakt hin. Denn genau hier begann die cubanische Neuzeit: 1492 ging Kolumbus vor Anker, 1511 gründete Diego Velázquez Cubas erste Siedlung und erklärte sie bis 1514 sogar zur Hauptstadt. Auf die turbulente Gründungsphase folgte eine lange Phase der Stagnation und Isolation, die eine starke Lokalkultur entstehen ließ, die sich noch heute in einer ausgeprägten Kunstszene und speziellen Küche ausdrückt. Dies freut Touristen, ebenso wie der Kolonialcharme und die ökologischen Schätze vor der Haustür, in einer der gebirgs- und waldreichsten Regionen Cubas.

Im Besitz der Krone!

Die **Catedral de Nuestra Señora de la Asunción** (Plaza Independencia, Mo–Fr 8–11, 16–19, Sa 8–11, 17–21, So 8–12 Uhr) beherbergt einen der kostbarsten religiösen Schätze Cubas: das **Cruz de la Parra**. 29 solcher

Karibik-Feeling wie aus der Rum-Werbung … Für Sonnenuntergänge wie diesen braucht man auf Cuba nicht meilenweit zu laufen.

14

Immer höher, hoch hinauf – **rund um die Gran Piedra**

Was für ein Brocken! Und erst die Aussicht! Gleich vor den Toren von Santiago de Cuba zeigt sich die Insel von einer monumentalen Seite. Und zieht auch kulturhistorisch Interessierte in den Bann – mit einer der bemerkenswertesten Kaffeeplantagen-Ruinen des Landes.

Immer höher schraubt sich die Serpentinenstraße hinauf, lässt so manches altersschwache Vehikel aus dem letzten Loch schnaufen. Bis an den Asphalt wuchern die Wälder, so dicht, das vom berühmten Brocken erstmal lange nichts zu sehen ist.

Willkommen auf dem Brocken!

Doch dann rückt er plötzlich ins Blickfeld, der größte Felsen des Landes. Mit 51 m Länge, 25 m Höhe und 63 000 t Gewicht zählt die **Gran Piedra** 1 sogar zu den größten Monolithen der Welt. 452 Stufen führen auf den Brocken hinauf – durch üppigen Nebelwald mit über 200 Farnarten (darunter meterhohe Baumfarne) und Baumriesen, die von Orchideen und Bromelien überwuchert sind. Über 900 Tierarten tummeln sich im dichten Grün. Von ganz oben, 1234 m über dem Meer, bietet sich an klaren Tagen ein sagenhaftes Panorama auf Cubas höchstes Gebirge, die Sierra Maestra, und die karibische See.

Etwa 2 km westlich vom Felsen gedeihen im **Jardín Ave del Paraíso** 2 mit schönen Orchideenarten (Blütezeit Nov.–Jan.), Flamingoblumen, Lilien, Magnolien und Dahlien weitere Hingucker. Der unbestrittene Star des Gartens sind aber seine Strelitzien, auch *ave del paraíso* (Paradiesvogelblume) genannt.

Das vielfältige Wissen der Franzosen

Wussten Sie, dass in der spanischen Kolonie Cuba auch Franzosen eine gewichtige Rolle spielten? Ihr Auftritt begann Anfang des 19. Jh. Als

T
TOCORORO

In den vogelreichen Wäldern fühlt sich auch der **Nationalvogel** Tocororo pudelwohl. Sein blau-weiß-rotes Gefieder hat dieselben Farben wie die cubanische Flagge, der Schwanz wird nicht ganz so lang wie bei anderen Quetzal-Arten.

während Haitis Revolution französische Pflanzer von der Nachbarinsel gejagt wurden, nahm man 30 000 von ihnen hier in Ostcuba mit offenen Armen auf. Denn die Migranten besaßen großes Fachwissen zur Kultivierung der braunen Bohne und brachten so den Kaffeeanbau der Region auf Touren.

Das **Cafetal La Isabelica**  erinnert 2 km östlich der Gran Piedra an die Boomzeiten. Die Kaffeeplantage mit ihrem im Originalzustand eingerichteten Herrenhaus ist so gut erhalten, dass sie im Jahr 2000 sogar den Sprung in die Welterbeliste der Unesco schaffte. Die Franzosen machten bis Mitte des 19. Jh. aber nicht nur Cuba zum größten Kaffeeproduzenten der Welt, sondern importierten auch liberales Gedankengut und trugen so dazu bei, dass Ostcuba eine Hochburg der Unabhängigkeitsbewegung wurde. Letztlich säte also auch die Französische Revolution einen der zahlreichen Samen für die Cubanische Revolution 170 Jahre später.

Weck den Cowboy in dir! In vielen ländlichen Regionen sind die Einheimischen noch hoch zu Ross unterwegs.

INFOS/ÖFFNUNGSZEITEN

Gran Piedra 1: Zugang zum Aussichtspunkt 2 CUC. Achtung: Nachmittags ziehen oft Wolken auf.
Jardín Ave del Paraíso 2: botanischer Garten, Di–So 8–16 Uhr, 3 CUC
Cafetal La Isabelica 3: tgl. 8–16 Uhr, 2 CUC
Anfahrt: keine Busse. Selbstfahrer verlassen Santiago über die Av. Raúl Pujol 13 km Richtung Osten bis Las Guásimas, wo sich die Serpentinenstraße weitere 14 km bis zum Ziel hochwindet.

IN LUFTIGER HÖH'

Die **Villa Gran Piedra** 1 (bei der Gran Piedra, T 01 2268 6147, www.islazul. cu, DZ 50 CUC) mit rustikalen Hütten und Restaurant schmückt sich mit dem Titel ›höchstgelegenes Hotel Cubas‹ (1225 m).

SNACKS FÜR ZWISCHENDRIN

Bauern verkaufen auf dem Weg zur Gran Piedra Früchte, in Richtung Cafetal gibt es in der rustikalen **Cafeteria 1234** 1 frisch gemahlenen Kaffee (tgl. 10–18 Uhr).

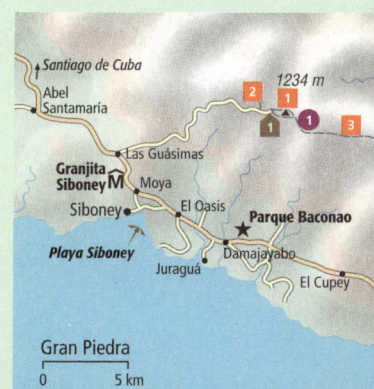

Kreuze soll Kolumbus in die Böden seiner Entdeckungen gerammt haben, um diese für die spanische Krone in Besitz zu nehmen. Dieses blieb als einziges erhalten – wenn auch knapp. Denn die vielen Stückchen, die Pilger aus dem Holz brachen, ließen das Kreuz bereits auf die Hälfte seiner Größe schrumpfen, ehe es durch eine Glasvitrine vor der Talisman-Gier geschützt wurde.

Das Leben der Indianer

Baracoas Umgebung ist eine der ergiebigsten präkolumbianischen Fundstätten. Am südlichen Stadtrand sind im **Museo Arqueológico** (Loma del Paraíso, Mo–Sa 9–17, So 9–12 Uhr, 3 CUC, Fotos 1 CUC) in ehemaligen indianischen Wohnhöhlen Reliquien und Werkzeuge um 1100 n. Chr. untergebracht, darunter Kultfiguren, Fruchtbarkeitssymbole und das Skelett des Kaziken Guamá, der hier erbittert Widerstand leistete. Das nachgebildete Ídolo de Tabaco ist eines der wichtigsten Zeugnisse der Taíno-Kultur. Leitern führen durch Wald zu einem Aussichtspunkt.

⌂ Mit Herz
La Terraza de Rafael y Adis
Die drei geräumigen Zimmer im OG mit großen Terrassen mit Hängematten und

---

KLEINE STADT – GROSSE KUNST

In **Mildo Matos Carcassés'** Gemälden, die seinen Paladar Sabor Taíno (Calle Maraví, zw. Martí u. Maceo, T 01 2164 1122, tgl. 10–23 Uhr) zieren, verschmelzen fantastisch-metamorphe Wesen und Symbole aus dem indianischen Kosmos. **Luis Eliades Rodríguez** widmet sich im Taller Las Orishas (Calle Ciro Frías 48, zw. Rubert López u. Calixto García, T 01 2164 3761, tagsüber) der Erotik und afrocubanischer Religion. Bewundern Sie weitere, z. T. käufliche Werke in der **Casa de la Cultura** (Calle Maceo 124) und der **Galería de Arte** (Plaza Independencia).

Meerblick sind zum Wohlfühlen. Die englischsprachigen Vermieter haben viele Infos.
Calle Félix Ruenes 29, zw. Coroneles Galano u. Céspedes, T 01 2164 3441, www.rafaelyadis.com, DZ 20–25 CUC

⌂ Ein kleines Paradies
Villa Paradiso
Auf einem Hügel am südlichen Stadtrand versteckt sich dieser Volltreffer. Bei den farbenfrohen, lichtdurchfluteten Zimmern, dem fantastischen Garten, den herzlichen Vermietern und den Panorama-Terrassen will man hier gar nicht wieder weg!
Calle Moncada 92 B, T 01 2164 5618, www.villaparadisobaracoa.com, DZ 25–30 CUC

🍴 Dicht- und Kochkunst
Paladar El Poeta
Die regionalen Spezialitäten in Kürbisschalen sind ebenso kreativ und rustikal wie das mit Versen dekorierte Holzhaus.
Calle Maceo 159, Ecke Ciro Frias, T 01 2164 3017, tgl. 12–24 Uhr, 8–10 CUC

🍴 Der Nase nach
Paladar Calalú
Der Gemüseeintopf *calalú* ist nur eine der vielen Lokalspeisen, die hier originell zubereitet auf den Tischen landen.
Calle Calixto García 151, Ecke Céspedes, T 01 5310 4810 (mobil), tgl. 12–23 Uhr, 7–12 CUC

✪ Kultstätte
Casa de la Trova
In dem proppevollen Laden spielen sich Livebands in einen Rausch, und die Tanzfläche füllt sich im Nu.
Plaza Independencia, T 01 2164 1747, Mo ab 21 Uhr, Di–So auch ab 17 Uhr, 1 CUC

🚲 Drahtesel
Baracoa Bike Rental
Gute Auswahl an Mountainbikes.
Calle Juración 1, zw. Martí u. Rodney Coutin, T 01 5407 0738 (mobil), www.baracoabikerental.com, Mo–Fr 8–18, So 12–18 Uhr

🧭 Ausflüge
Cubatur
Plaza Independencia, T 01 2164 5306, tgl. 8–12, 14–17 Uhr

Der Mangel an Maschinen, Ersatzteilen und Energie macht das Einbringen der Ernte oft zu einer sehr anstrengenden Handarbeit.

❶ Infos

Infotur: Calle Maceo 129 A, Ecke Frank País, T 01 2164 1781, Mo–Sa 8.30–17.30, So 8.30–12 Uhr
Busse: Víazul, Av. Los Mártires, Ecke Martí, 1–2 x tgl. nach Havanna und Santiago de Cuba

IN DER UMGEBUNG

Grüne Perlen im Osten

Schlendern Sie an der Bahía de Miel entlang und lassen sich per Boot in ein Fischerdorf übersetzen. Links geht es zum **Naturreservat Majayara** (3 km südöstl. der Stadt), wo Touren zu indianischen Wohnhöhlen und der Badegrotte **Cueva Perla del Agua** starten (5 CUC, Führung 5 CUC). An der **Boca de Yumurí** (🛏 U 8; 30 km östl. von Baracoa) fahren Boote durch die traumhafte, bis zu 180 m hohe Schlucht des Flusses (2 CUC).

Wildnis des Westens

Etwa 10 km nordwestlich der Stadt ragt Baracoas Wahrzeichen, der Tafelberg **El Yunque**, empor. Am Campismo warten Guides, die zum 575 m hohen Gipfel (🛏 U 8; steiler Weg, 16 CUC) oder zu

glasklaren Kaskaden (8 CUC) führen. 9 km nördlich tischt der rustikale **Rancho Toa** im Grünen auf und bietet Fahrten auf Cubas wasserreichstem Fluss (3 CUC pro Pers.). 25 km nordwestlich von Baracoa liegt an der **Playa Maguana** der beste Strand der Region (🛏 U 7). Die **Villa Maguana** vermietet in schmucken Bungalows 16 Zimmer (T 01 2164 1204/05, www.gaviotahotels.com, DZ ab 100 CUC). Noch weiter westlich lockt der artenreiche **Parque Nacional Alejandro de Humboldt** (▶ S. 106).

Vom 1739 errichteten **Fuerte del Seboruco** auf Baracoas Loma El Paraíso, heute das überteuerte Hotel El Castillo, ist der Rundumblick vom Feinsten. Auch bei der Fahrt auf **La Farola** (🛏 U 8), einer der steilsten und kurvenreichsten Passstraßen der Insel, warten fantastische Panoramen, etwa vom **Mirador Alto de Cotilla** 32 km südlich von Baracoa.

15

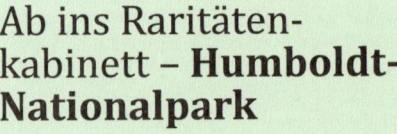

Ab ins Raritäten-kabinett – **Humboldt-Nationalpark**

Tief im Inselosten versteckt sich der einmalige Parque Nacional Alejandro de Humboldt. Hier tummeln sich die Arten in unglaublicher Vielfalt – als seien sie einem magischen Füllhorn entsprungen. Tauchen Sie per Boot oder zu Fuß in das unberührteste Ökoparadies der Karibik ein.

Auf über 700 km² wuchert der größte Primärregenwald Cubas. Von der Küste bis auf 1200 m Höhe sprießen im gebirgs- und regenreichen Parkareal über zwei Drittel aller 28 Vegetationszonen der Insel. Kaum zu glauben, dass diese ökologische Schatzkammer um ein Haar vernichtet worden wäre! Die Pläne für einen Staudamm lagen bereits in der Schublade, als Fidel Castro höchstpersönlich das Projekt auf Wunsch beherzter Wissenschaftler abbies. Seit 1996 ist das Gebiet als Nationalpark und seit 2001 als Unesco-Welterbe geschützt.

Das Galapagos der Karibik

Beim Blick vom Monte de Iberia über das grüne Blätterdach können Sie sich vorstellen, wie die letzten Schlitzrüssler der Welt durch das Dickicht streifen. Der katzengroße Insektenfresser mit der bizarren Schnauze gilt als lebendes Fossil und kommt nur noch hier und auf Haiti vor. Auch gefiederte Raritäten wie der Cuba-Sittich und die Cuba-Amazone flattern durchs Gehölz. Und vielleicht entdeckt das geübte Auge ihres Führers auch das Monte-Ibero-Fröschchen, der – nur centstückgroß – als kleinster Frosch der Welt durch die hiesigen Wälder hüpft.

Die Flora überwältigt mit 1500 Spezies, darunter 115 Orchideen- und 400 Farnarten mit haushohen Baumvarianten. Angesichts des ungünstigen Wachstumsmilieus des basischen Felsuntergrundes erstaunt dies, doch hat die Evolution hochangepasste Gewächse hervorgebracht. Rund 70 % aller Pflanzenarten des Parks

ÜBRIGENS

Der Humboldt-Nationalpark bildet nur den Kern des **Biosphärenreservats Cuchillas de Toa**. Mit Hilfe der Tropenwaldstiftung Oro Verde schuf man um den Park eine Pufferzone. Dort werden Bauern geschult und beim ökologischen Landbau unterstützt (www.oroverde.de/projekteinternational/kuba.html).

kommen nur dort vor; und von allen Endemiten Cubas sprießt ein Drittel innerhalb der Parkgrenzen. Global gesehen zählt die Naturoase sogar zu den Arealen mit der weltweit höchsten Endemitendichte!

Maritimer Kindergarten

Nun aber hinein ins grüne Paradies! Vom **Besucherzentrum 1** an der Bahía de Taco starten geführte Wanderungen und Bootsexkursionen. Letztere streifen auf der Suche nach Seekühen *(manatís)* durch die Küstenmangroven, deren einzelne Arten je nach Salztoleranz unterschiedlich weit vordringen. Das Wurzelgeflecht der Gezeitenwälder bietet Schutz vor großen Räubern und ist eine Art ›Kindergarten‹ für den Meeresfauna-Nachwuchs.

Per pedes führt der **Sendero El Recreo** die meiste Zeit ohne Steigungen durch dichte Wälder am **Río Taco** entlang. Lassen Sie sich ein Bad im glasklaren Wasser des Flusses nicht entgehen! Die längste und schönste, aber auch anstrengendste Tour, der **Sendero Balcón de Iberia**, führt hinauf auf den 740 m hohen **Monte de Iberia** und lockt ebenfalls mit Naturpools an bis zu 25 m hohen Wasserfällen.

Als einer von vielen gefiederten Exoten fühlt sich die Cuba-Amazone im Park pudelwohl.

INFOS/ÖFFNUNGSZEITEN

Besucherzentrum 1: an der Bahía de Taco, tgl. 8–19 Uhr, Wanderungen mit obligatorischem Führer 10 CUC pro Person, Bootstour 5 CUC, 1,5–2 Std.
Anfahrt: keine Busse, aber Ausflüge von Cubatur (▶ S. 104). Selbstfahrer verlassen Baracoa Richtung Südwesten und folgen der Küstenstraße nach Moa 40 km bis zur Bahía de Taco.

PROVIANT EINPACKEN

Bis auf Snacks der Bauern gibt es unterwegs keine Verpflegungsmöglichkeiten – Sie sollten also Proviant mitnehmen.

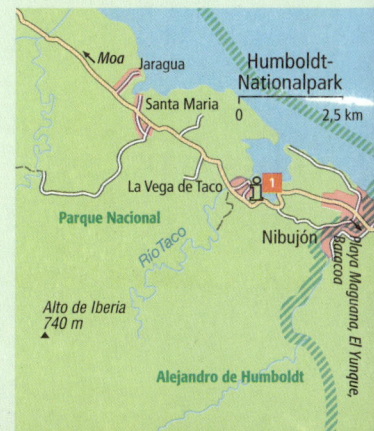

Faltplan: T/U 7/8 | **Länge der Wanderungen:** Bahía de Taco 2 km, Sendero Recreo 3 km, Sendero Balcón de Iberia 7 km

Hin & weg

ANREISE

Mit dem Flugzeug

Die meisten Flüge landen in Cubas Westen (Havanna, Varadero), Condor auch im zentralen Santa Clara und im östlichen Holguín. Die Flugzeit beträgt zehn bis elf Stunden, die Preise schwanken saisonal zwischen 600 und 1200 €. Wichtigste Fluglinien sind Air France (www.airfrance.com), KLM (www.klm.com), Edelweiss Air (www.flyedelweiss.com), Cubana (www.cubana.cu) und Condor (www.condor.com). Bei Letzterer kann man Hin- und Rückflug gabeln. In allen **Flughäfen** gibt es eine Touristeninformation, Wechselstube, Leihwagenbüros und Taxis zum Zentrum (15–30 CUC, vom Flughafen Varadero auch Busse, s. www.viazul.com).

Einreise- und Zollbestimmungen

Deutsche, Österreicher und Schweizer benötigen einen noch mind. sechs Monate gültigen **Reisepass** und eine **Touristenkarte** (*tarjeta de turista*, im Reisebüro oder beim Veranstalter für 25–30 € erhältlich, gut aufbewahren). Sie berechtigt zu 30 Tagen Aufenthalt und kann vor Ort in jeder Provinzhauptstadt für 25 CUC um weitere 30 Tage verlängert werden. **Zollfrei** ist die Einfuhr von bis zu 10 kg Medikamenten, 200 Zigaretten oder 50 Zigarren oder 250 g Tabak, Bargeld im Wert bis zu 5000 US $, Geschenken im Wert von bis zu 50 CUC sowie technischen Geräten oder Fahrrädern (beides bei Wiederausfuhr). Ausgeführt werden dürfen 1 l hochprozentige Spirituosen, 500 g Kaffee, 200 Zigaretten oder 250 g Tabak oder bis zu 20 einzelne Zigarren bzw. 50 Zigarren in versiegelten Kisten mit Hologramm. Weitere Infos unter www.aduana.gob.cu und www.zoll.de.

GELD

In Cuba kursierten 2017 noch zwei Währungen (▶ Kasten S. 109): die Devisenwährung **Peso Convertible** (CUC) und die Nationalwährung **Peso Cubano** (CUP). In **Wechselstuben** (*casas de cambio,* abgekürzt Cadeca) kann man beide zum Kurs von 1 : 24 tauschen. Außer Grundnahrungsmittel, Telefonanrufe im Land, einige Kulturveranstaltungen, einfache Pesorestaurants und Stadtbusse müssen Touristen aber alles in **Devisen** zahlen. Euros und Schweizer Franken können verlustfrei in CUC getauscht werden (Kurse unter www.oanda.de), aber beim US-Dollar fällt eine Gebühr von 10 % an. Die **Banken** (Pass vorzeigen) bieten bessere Kurse als die Wechselschalter der Hotels. In Touristenzentren akzeptieren einige Restaurants und Hotels – nicht aber Privatvermieter – **Kreditkarten** von Visa oder Mastercard. In Provinzhauptstädten gibt es Automaten, die aber nur Visa akzeptieren (Mastercard geht nur am Schalter) und nicht immer funktionieren. Also auch genug Bargeld mitnehmen. Achtung: von einer US-Bank ausgestellte Karten sind nirgendwo einsetzbar!

Zu den rund 4 Mio. Gästen, die Cuba 2016 bereisten, zählte auch Barack Obama – der erste Besuch eines US-Präsidenten nach über 80 Jahren.

GESUNDHEIT

Für Cuba sind keine **Impfungen** vorgeschrieben, doch Tropeninstitute empfehlen Schutz gegen Polio, Tetanus, Typhus sowie Hepatitis A und B. Achtung: Touristen müssen eine **Auslandskran-kenversicherung** abschließen, die Cuba abdeckt und sich in Spanisch oder Englisch bescheinigen lassen. Wegen des Medikamentenmangels vor Ort gehört eine **Reiseapotheke** ins Gepäck.

INFORMATIONSQUELLEN

Cubanisches Fremdenverkehrsamt
Stavangerstr. 20, 10439 Berlin
T 030 44 71 96 58, www.cubainfo.de
(auch für Österreicher und Schweizer)

In Cuba
Vor Ort beraten die Büros von **Infotur** (www.infotur.cu), **Cubatur** (www.cubatur.cu) und **Havanatur** (www.tropicana-touristik.de).

KLIMA UND REISEZEIT

In Cuba scheint ganzjährig die Sonne. Die Sommermonate erreichen Höchstwerte von über 30 °C. Dagegen können winter-liche Kaltlufteinbrüche die Quecksilber-säule für ein paar Tage von 25 °C auf 15 °C drücken und Regen bringen. Im Gebirge, v. a. in der Sierra Maestra, kann es nachts kühl werden. Drei Viertel der jährlichen **Niederschläge** fallen (meist in kurzen Schauern) in der sommerlichen Regenzeit. Am regenreichsten sind die Sierra Maestra und die Umgebung von Baracoa. Als beste Reisezeit gilt die kühlere **Trockenperiode** von November bis April, die sich allerdings mit der teureren Hochsaison (Mitte Dez. bis Ende März) überschneidet. Im Juli und August besuchen viele Cubaner die Strände. Im September und Oktober ist das **Hurrikan**-Risiko am größten (es sind aber oft nur kleine Regionen betroffen, bei vorbildlicher Evakuierung).

REISEN MIT HANDICAP

Nur gehobene Hotels bieten ein paar behindertengerechte Zimmer. **Rollstuhl-fahrer** müssen enge Bürgersteige, hohe Bordsteine und Straßenlöcher meistern, können aber auf viele hilfsbereite Ein-heimische zählen.

SPORT & AKTIVITÄTEN

Bootsausflüge
Die Jachthäfen *(marinas)* von Trinidad, Cienfuegos, Cayo Largo, Cayo Las Brujas, Santa Lucía, Bahía de Naranjo (bei Guardalavaca), Varadero und Cayo Guillermo bieten Katamaran- und Jetski-Fahrten (bis auf Trinidad und Cienfuegos). Amazonasfeeling verströmt der ›Dschungelfluss‹ Río Canímar bei Matanzas. Weitere Klassiker sind Fahrten zur Laguna del Tesoro und auf dem Lago Hanabanilla sowie Ruderboot-Exkursio-nen auf der Laguna Baconao, in der Bahía de Taco (Humboldt-Nationalpark) sowie auf dem Río de Yumurí und Río Toa.

Fahrradfahren
Die weitgehend flache und verkehrsarme Insel lässt sich gut per Drahtesel erkun-den. Reiseveranstalter (z. B. www.profil-cuba-reisen.de) bieten Touren, einige

---

WÄHRUNGSREFORM

Die bei Redaktionsschluss im Januar 2018 bestehende Doppelwährung soll bald zu einer einzigen, dem Peso Cubano (CUP), zusammengeführt werden. Ein genauer Zeitpunkt war jedoch nicht bekannt. Sollte die Währungsreform noch während dieser Auflage durchgeführt werden, kann man die im Buch angegebe-nen CUC-Preise als Euro-Beträge betrachten (ein CUC entsprach 2017 etwa dem Wert von 1 €) und diese in CUP umrechnen.

DIE SCHÖNSTEN STRÄNDE (VON WEST NACH OST)

Cayo Levisa: per Fähre erreichbares Inselchen mit traumhaftem Palmenstrand (3 km) und Hotel (▶ S. 45).

Playas del Este: die ›Badewanne‹ der Hauptstadt; Hotels, Pensionen, guter Busanschluss von Havanna (▶ S. 33).

Playa Jibacoa: mehrere kurze Strände mit küstennahem Riff und Klippen; wenige Hotels/Pensionen (▶ S. 48).

Varadero: sehr touristischer, längster Inselstrand (21 km); bestes Angebot an All-inclusive-Hotels, Restaurants, Wassersport, auch Pensionen (▶ S. 48).

Cayo Largo: nur per Inlandflug erreichbares Inselchen vor der Südküste, mit dem hellsten und feinsten Sand sowie Cubas einzigen FKK-Stränden; keine Pensionen (▶ S. 53).

Playa Ancón: bester Strand (4 km lang) der Südküste, bei Trinidad (Busanbindung); Pensionen etwa 8 km entfernt (▶ S. 76).

Cayo Las Brujas & Santa María: zweitgrößtes Resortzentrum, kleine Mangroveninseln mit 17 km Sandstrand; keine Pensionen, viele Tagesausflügler von Remedios (▶ S. 66).

Cayo Coco & Cayo Guillermo: Waldreichtum, Flamingokolonien, mehrere Strände; viele Resorts, keine Pensionen, wenige günstige Hotels, viele Tagesausflügler (▶ S. 77).

Playas Guardalavaca: mehrere von Klippen eingerahmte Sandbuchten; pro Bucht wenige Resorts, nur in Guardalavaca auch Pensionen (▶ S. 88).

Playa Maguana: 2 km langer Strand bei Baracoa; nur ein Hotel und eine Pension, Tagesausflüge von Baracoa (▶ S. 105).

Hotels und Pensionen verleihen Räder (2 CUC/Std., 8–15 CUC/Tag). Bei längeren Touren sollte man sein eigenes Rad mitnehmen (samt gutem Schloss, Werkzeug und Ersatzteilen), das die Víazul-Busse gegen Aufpreis transportieren. Beliebt bei Radlern sind Las Terrazas, das Viñales-Tal, die Küstenstraße zwischen Cienfuegos und Trinidad, die Strecke von Guardalavaca nach Banes, die Küstenregion um Baracoa sowie die Küstenstraßen von Santiago de Cuba nach Manzanillo.

Sprach- und Tanzkurse
Spanisch- und Tanzstunden lassen sich am besten über Spezialreiseveranstalter wie Aventoura (www.aventoura.de/ziel/cuba), Cuba Startravel (www.cubastar travel.com) und Sprachcaffe (www.sprachcaffe-kuba.com) arrangieren, die vor Ort Schulen, auf Wunsch auch mit Unterkunft, betreiben.

Tauchen und Schnorcheln
Mit dem zweitgrößten Riff der Welt, 67 Korallen- und über 900 Fischarten, Unterwasserhöhlen und uralten Wracks zählt Cuba zu den internationalen Tauch-Hot-

spots. Am schillerndsten präsentiert sich die Unterwasserwelt bei María La Gorda, Cayo Levisa, Cayo Largo, Cayo Santa María, Cayo Coco/Guillermo und Santa Lucía. Weitere Infos unter www.cuba-diving.de und www.nautilus-tauchreisen.de. Küstennahe Schnorchel-Spots (eigene Ausrüstung mitbringen) bieten Playa Jibacoa, Caleta Buena und Punta Perdiz (beide bei Playa Girón).

Vogelbeobachtung
Cuba ist vor allem in der Zugvogelsaison von November bis März ein Vogelparadies (Fernglas mitnehmen). Besonders artenreich sind Las Terrazas und Soroa, die Ciénaga de Zapata, Topes de Collantes, Cayo Coco, die Sierra Maestra und der Humboldt-Nationalpark.

Wandern und Klettern
Rund ein Viertel der Insel steht unter Naturschutz. Viele Pfade (senderos) durchziehen das Viñales-Tal, Soroa, Las Terrazas, Topes de Collantes, Alturas de Banao, den Hanabanilla-Stausee, Gran Piedra, Baracoa und den Humboldt-Nationalpark. Die größte Herausforderung

für Trekker ist die Besteigung des Pico Turquino in der Sierra Maestra. Unter Tage präsentiert sich Mutter Natur nirgendwo bezaubernder als in den Cuevas de Bellamar bei Matanzas und in der Gran Caverna de Santo Tomás bei Viñales. Die Wegmarkierung hat sich verbessert, doch gibt es keine Wanderkarten. Daher kommt man oft nicht ohne Führer aus, der in manchen Nationalparks ohnehin vorgeschrieben ist.

ÜBERNACHTEN

Auf der Insel finden sich Unterkünfte für jeden Geschmack und Geldbeutel. Einzelzimmer kosten meist 75 % des Doppelzimmerpreises. In der Hauptsaison (unbedingt reservieren) liegen die Zimmerpreise durchschnittlich 25 % höher als in der Nebensaison.

Buchungen
Die meisten **Hotels** lassen sich von europäischen Reiseveranstaltern wesentlich günstiger als vor Ort buchen. Für Strandresorts verkaufen sie preiswerte All-inclusive-Pakete, für Rundreisen günstige Hotelgutscheine, auf Wunsch auch mit Leihwagen (Flexi Fly & Drive). Auch in den Reisebüros vor Ort bekommt man günstigere Preise als direkt an der Hotelrezeption.
Die meisten **Casas particulares** lassen sich bereits von Europa aus per Mail buchen. Vor Ort sollte man die Privatunterkunft der nächsten Reiseetappe ein paar Tage im Voraus reservieren. Viele Vermieter sind landesweit miteinander vernetzt und vermitteln sich gegenseitig Gäste. Eine unerschöpfliche Infoquelle zu guten Privatunterkünften ist das Internet, z. B. unter www.cubacasas.net und www.bbinnvinales.com.
Campismo-Popular-Büros in den Provinzhauptstädten (s. auch www.campismo popular.cu) reservieren **Campismos.**

Hotels
Cubanische Hotels sind oft überteuert und im internationalen Vergleich um einen Stern zu hoch klassifiziert. **Mittelklassehotels** (oft von der Kette Islazul) beherbergen sowohl cubanische als auch ausländische Gäste und kosten 40–80 CUC/DZ. Von ein paar netten Schnäppchen abgesehen, bieten sie nur mäßigen Komfort und Service (vor allem beim Essen). In den **Vier- und Fünfsternehäusern** der Ketten Gaviota, Gran Caribe und Cubanacan steigen zwar Komfort

---

SICHERHEIT UND NOTFÄLLE

Cuba ist ein sicheres Reiseland, und Raubüberfälle sind sehr selten. Trotzdem sollte man abends ein Taxi nehmen, vor allem in Santiago de Cuba und Havannas Zentrum. Da Taschendiebstähle zunehmen, gehören Wertsachen in den Hotelsafe oder in einen Hüftgurt oder Brustbeutel. Am Strand darf man seine Sachen nicht aus den Augen lassen. Auch Diebstähle von meist jüngeren Anhaltern häufen sich, weshalb man diese umsichtig auswählen sollte (Familien, ältere Menschen etc.). Recht häufig sind auch kleine Betrugsversuche (Rechnungen/Wechselgeld stets kontrollieren). Weitere Infos: www.auswaertiges-amt.de.

Wichtige Telefonnummern
Polizei: landesweit T 106
Krankenwagen:
meist T 104;
in Varadero: T 01 4566 8611;
Trinidad: T 01 4199 2362
Sperrung von Kredikarten:
T 11949 116 116,
www.kartensicherheit.de

Botschaften
Deutschland: T 0 7833 2569,
www.havanna.diplo.de
Österreich: T 0 7204 2825,
havanna-ob@bmeia.gv.at
Schweiz: T 0 7204 2611,
www.eda.admin.ch/havana

und Freizeitangebot, aber auch die Preise deutlich an (100–300 CUC/DZ, oft all inclusive). Aus dem Mittelmaß stechen in Havannas Altstadt die wundervollen, restaurierten **Kolonialpaläste** (Kette Habaguanex, s. www.gaviotahotels.com) und in Cienfuegos, Santa Clara, Remedios, Sancti Spíritus, Camagüey, Gibara und Santiago de Cuba die stilvollen **Boutiquehotels** der Kette Encanto (Hoteles E, s. www.cubanacan.cu) heraus.
Achtung: Lassen Sie Wertsachen nie im Hotelzimmer liegen, sondern nehmen Sie diese mit oder schließen sie im Safe ein. Privatpensionen gelten als sicherer.

Casas particulares

Diese Privatpensionen ermöglichen interessante Einblicke in den cubanischen Familienalltag und bieten das beste Preis-Leistungs-Verhältnis. Ein Doppelzimmer ist mit 25–40 CUC (meist 25 CUC, Havanna/Varadero sind oft etwas teurer) günstiger als ein Mittelklassehotel und zudem oft gemütlicher und komfortabler. Alle legalen Pensionen tragen an der Tür einen weiß-blauen Aufkleber und müssen Gäste registrieren (Originalpass vorzeigen). Die meisten Vermieter sind sehr freundlich, tischen ausgezeichnetes Essen auf (Frühstück 3–5 CUC, abends 7–12 CUC) und geben ihren Gästen viele Tipps. Einige sprechen Englisch. Die Qualität der *casas* reicht von einfach bis luxuriös (alte Kolonialvillen), die Größe von einem bis zu sieben (meist 2–3) Gästezimmern.

Nepper, Schlepper …
»My friend, where do you come from? Ah, Germany, alles klar? My brother lives in Frankfurt.« Ein typischer Gesprächseinstieg eines *jineteros*. Diese Schlepper wollen einem schlechte Zigarren andrehen oder zu einer Pension führen, wo sie Provision kassieren. Dabei tischen sie die kreativsten Märchen auf, etwa dass in der vom Gast gesuchten Pension der Vermieter gestorben sei, es dort gerade kein Wasser gäbe usw. Ohren auf Durchzug stellen!

Manchmal gehören auch Kochnische, Safe, TV, Terrasse, eigener Aufenthaltsraum und Garage zur Ausstattung.

Campismos

Bei *campismos* handelt es sich um Bungalowanlagen – oft wunderschön in der Natur gelegen und nur mit Pkws zu erreichen. Von den über 80 Campismos gehört ein Dutzend zur internationalen Kategorie (ab 10 CUC p. P.). Auch manche nationalen Campismos (5 CUC p. P.) nehmen Touristen auf, bieten aber nur spartanische Bedingungen (kaltes/kein Wasser, Stromausfälle, kein Bettzeug).

VERKEHRSMITTEL

Mietwagen

Wer wenig Zeit hat oder abseits der Hauptrouten reist, kommt um einen teuren Leihwagen nicht herum. Bessere, weniger pannenanfällige Modelle kosten inkl. Versicherung 65–130 CUC/Tag (ab 1 Woche Leihdauer günstiger, s. auch hier: www.havanautos.com, www.transtur carrental.com, www.gaviota-grupo.com/en/puntos-de-renta). Am günstigsten ist es, den Wagen frühzeitig über einen deutschen Reiseveranstalter zu buchen, am besten im Paket mit dem Flug (Fly & Drive). Man sollte den Zustand des Mietwagens genau überprüfen (Ersatzreifen, Öl- und Wasserstand) und jeden kleinen Mangel (z. B. Kratzer) abfotografieren und im Vertrag notieren! 1 l Super *(gasolina especial)* kostet ca. 1,20 CUC.
Cubas **Straßenqualität** schwankt und nimmt von Westen nach Osten ab. Das Vorzeigestück, die mehrspurige Autobahn, reicht von Pinar del Río im Westen bis Taguasco in Zentralcuba. Die ebenfalls recht gute Carretera Central durchquert das ganze Land. Weitere ordentliche Straßen sind die Vía Blanca zwischen Havanna und Varadero, der Circuito Norte zwischen Havanna und Morón, der Circuito Sur entlang der Südküste zwischen Colón und Sancti Spíritus sowie die Dammstraßen auf die nördlichen Cayos. Die Höchstgeschwindigkeit beträgt 50 km/h innerhalb von

Ortschaften, 80–90 km/h auf Landstraßen und 100 km/h auf der Autobahn. Trotz des geringen Verkehrs ist das Autofahren nicht einfach, denn die **Ausschilderung** ist äußerst dürftig (gute Offline-App oder der in einigen Infotur- und Buchläden erhältliche »Guía de Carreteras« nötig) und unbeschrankte Bahngleise kreuzen die Fahrbahn. Viele Fahrzeuge haben weder Blinker noch Rückspiegel noch Licht (nicht nachts fahren). In den Städten erfordern Fahrräder, Kinder, fehlende Straßenschilder und mitunter nicht gekennzeichnete Einbahnstraßen Konzentration. Bei Unfällen benötigt die Versicherung eine Kopie des Polizeiberichts *(denuncia).* Keine **Wertsachen** im Wagen lassen und stets bewachte **Parkplätze** aufsuchen (am Tag 1 CUC, nachts 2 CUC).

Bus

Touristen fahren mit modernen und relativ pünktlichen Bussen der Gesellschaft **Víazul.** Die Preise sind moderat (ca. 7 CUC/100 km), doch ist die Frequenz gering und es werden nur Provinzhauptstädte und Touristenzentren angesteuert (Fahrpläne: www.viazul.com, am besten ausdrucken und mitnehmen). In der Hauptsaison sind die Busse früh ausgebucht (gleich bei Ankunft Ticket für die nächste Fahrt besorgen oder Namen auf eine Liste setzen lassen). In Havanna, Viñales, Varadero, der Schweinebucht, Cayo Coco/Guillermo, Guardalavaca lässt sich die Umgebung in **Hop-on-Hop-off-Bussen** für 5 CUC/Tag gut erkunden.

Bahn

Die unzuverlässigen Züge (s. www.seat 61.com, www.cuba-individual.com) lohnen nur bei viel Zeit und Abenteuerlust.

Entspannt alt werden – dank des guten Gesundheitssystems und wenig Stress.

Flüge

Cubana (www.cubana.cu) fliegt täglich bzw. mehrmals wöchentlich größere Städte im Land an (z. B. Havanna–Santiago de Cuba für 160 CUC), gilt aber nicht als besonders sicher. Frühzeitig reservieren und einchecken.

Taxis

Vor Busbahnhöfen stehen oft Überland-**Sammeltaxis** *(colectivos,* darunter viele Oldtimer), die erst abfahren, wenn sie voll besetzt sind und dann pro Person etwa so viel kosten (verhandeln) wie die entsprechende Fahrt im Bus. Ein staatliches **Cubataxi** ist dagegen deutlich teurer. In den Städten sind viele Taxitypen unterwegs, etwa günstige **Fahrradtaxis** (1–3 CUC pro Fahrt). **Touristentaxis** (ca. 1 CUC/km) warten oft vor Hotels oder an zentralen Plätzen. Etwas günstiger sind in Havanna, Varadero und Santiago de Cuba die eiförmigen **Coco-Taxis.**

DER UMWELT ZULIEBE – NACHHALTIG REISEN

In Städten betreiben Gemüsegärten *(organopónicos)* organischen Anbau und verkürzen die Transportwege. Hier oder auf den Bauernmärkten sollten Sie bevorzugt einkaufen. Und meiden Sie bitte Tierquälereien wie Delfinshows ebenso wie die als Souvenirs angebotenen Polymita-Schnecken und schwarzen Korallen – sie stehen unter Schutz.

O-Ton Cuba

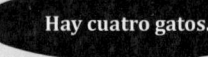

Hay cuatro gatos.

Es gibt vier Katzen.
Hier ist tote Hose.

Que cosa más grande!

Was für eine große Sache!
Das ist ja ein Ding!

ausländischer
Tourist

TODO (ESTÁ) FRESA!

Alles (ist) Erdbeere!
*Alles paletti! Umgangssprach-
liche Grußformel*

**Si cocinas como caminas
me como hasta la raspita.**

Wenn du so kochst, wie du gehst, esse
ich sogar das Angebrannte.
Der Klassiker unter den Flirt-Komplimenten.

**La vida es corta
pero una
sonrisa sólo
precisa
un segundo.**

**Lo que brilla con luz propia,
nadie lo puede apagar.**

Was mit eigenem Licht strahlt,
kann niemand löschen.
*Ein Licht, das von innen her
leuchtet, kann niemand löschen.*

Das Leben ist kurz, aber
ein Lächeln benötigt nur eine Sekunde.

Ahi nama!

Echar un pie

einen Fuß werfen
tanzen

Hier ist es!/Das ist es!
Hier geht's ab!/Besser geht's nicht!
(Ausruf während eines Liedes/Konzerts)

**Camarón que se duerme se
lo lleva la corriente.**

Bus

Die eingeschlafene Garnele wird von der Strömung weggespült.
Wer rastet, der rostet.

Register

Register

Das Klima im Blick

Reisen bereichert und verbindet Menschen und Kulturen. Wer reist, erzeugt auch CO_2. Der Flugverkehr trägt mit bis zu 10 % zur globalen Erwärmung bei. Wer das Klima schützen will, sollte sich – wenn möglich – für eine schonendere Reiseform entscheiden oder die Projekte von atmosfair unterstützen. Flugpassagiere spenden einen kilometerabhängigen Beitrag für die von ihnen verursachten Emissionen und finanzieren damit Projekte in Entwicklungsländern, die dort den Ausstoß von Klimagasen verringern helfen (www. atmosfair.de). Auch die Mitarbeiter des DuMont Reiseverlags fliegen mit atmosfair!

Abbildungsnachweis

DuMont Bildarchiv, Ostfildern: S. 101; 11, 31, 57, 87 (Hauser)
Fotolia, New York (USA): S. 49 (Adobe Stock/simonovstas); 73 (Adobe Stock/Sylvain)
Getty Images, München: S. 120/4 (STR/AFP)
Glow Images, München: S. 4 u. (Blend RM/Woodhouse)
Huber Images, Garmisch-Partenkirchen: S. 46 (Giampiccolo)
Dirk Krüger, Hannover: S. 4 o., 43, 77, 92,103, 107,108,120/7
Laif, Köln: S. 120/5; 32 (Archivolatino/Boylan); 50 (Aurora/Mock-Bunting); 7 (Aurora/
    Villalba); 21, 68 (Denger); 29, 44 (Hauser); 69 (hemis.fr/Escudero); 82 (hemis.fr/
    Frilet); 74 (hemis.fr/Montico); 36/37 (hemis.fr/Soularue); 120/6 (Leemage/Opale/
    Matsas); 120/3 (Maximiano); Umschlagklappe vorn, 26 (Modrow); 72, 98 (Raach);
    8/9 (Redux/VWPics/Vallecillos); 17 (Riephoff)
Bruno Maul, Sonthofen/Altstädten: S. 38, 88, 97
Mauritius Images, Mittenwald: Umschlagklappe hinten, S. 84/85 (age fotostock/
    Leffel); 24 (age fotostock/Vallecillos); 40 (Alamy/Independent Picture Service);
    14/15 (Alamy/Hinchliffe); 22 (Alamy/Sanchez); 23 (Alamy/Sriskandan); 120/9
    (Alamy/White House Photo); 59 (Alamy/Wilson); 27 (Bibikow); 54/55 (CuboImages/
    Meneghetti); 62 (Delimont/Bachmann); 34, 105 (Flüeler); 113 (Harding/Frost); 52
    (imagebroker/Probst); 58 (imagebroker/Schulten); 120/8 (Instituto Cubano Del Arte
    E Industrias Cinematográficos/Collection Christophel); 67 (Janthur)
picture-alliance, Frankfurt a. M.: S. 120/2 (dpa/Stache)
Schapowalow, Hamburg: Faltplan, Titelbild (Kremer)
Wikimedia Commons: S. 120/1 (CC BY-SA 4.0/Hvd69)
Zeichnung S. 3: Gerald Konopik, Fürstenfeldbruck
Zeichnung S. 5: Antonia Selzer, Stuttgart

Kartografie

DuMont Reisekartografie, Fürstenfeldbruck
© DuMont Reiseverlag, Ostfildern

Umschlagfotos

Titelbild: In den Straßen von Havanna
Umschlagklappe hinten: Abhängen vor dem Castillo del Morro in Havanna

Hinweis: Autor und Verlag haben alle Informationen mit größtmöglicher Sorgfalt
geprüft. Gleichwohl sind Fehler nicht vollständig auszuschließen. Alle Angaben erfolgen
ohne Gewähr. Bitte schreiben Sie uns! Über Ihre Rückmeldung zum Buch und Verbesse-
rungsvorschläge freuen sich Autor und Verlag:
DuMont Reiseverlag, Postfach 3151, 73751 Ostfildern,
info@dumontreise.de, www.dumontreise.de

FSC
www.fsc.org
MIX
Papier aus ver-
antwortungsvollen
Quellen
FSC® C124385

1. Auflage 2018
© DuMont Reiseverlag, Ostfildern
Alle Rechte vorbehalten
Autor: Dirk Krüger
Redaktion/Lektorat: Susanne Völler
Grafisches Konzept: Eggers+Diaper, Potsdam
Printed in China

Kennen Sie die?

Telmary Diaz

Eine Frau in der Männer-
domäne Hip-Hop? Und so
erfolgreich! Mit ihrem Mix
aus Rap, Funk und Jazz liegt
die preisgekrönte Sängerin,
die mit vielen Musikgrößen
arbeitete, voll im Trend.

Alejandro Robaina

Der ›Meister des Deckblatts‹
(1919–2010) überzeugte
Fidel Castro, den Tabakanbau
in privater Hand zu belassen
und ist der einzige Pflanzer,
nach dem eine Spitzenmarke
benannt wurde.

X Alfonso

Der aus einer berühmten
Musikerfamilie stammende
Künstler ist mit seinem experi-
mentierfreudigen Fusion-
Stil genauso Kult wie sein
alternatives Kulturzentrum
Fábrica de Arte in Havanna.

›Ubre Blanca‹

Die Weltrekordkuh in puncto
Milchproduktion bekam in
den 1980er-Jahren mehrfach
von Fidel Castro Besuch und
wurde in der Parteizeitung gar
mit einer ganzseitigen Todes-
anzeige betrauert.

›Quinceañera‹

An ihrem 15. Geburtstag
feiern cubanische Mädchen
mit einem rauschenden Fest
den Übergang zur Frau. Eltern
sparen oft jahrelang, um ihrer
niña einen unvergesslichen
Tag zu bereiten.

Leonardo Padura

Mit seinen Mario-Conde-
Krimis, die ein detailliertes
Bild des Inselalltags zeichnen,
hat sich Cubas erfolgreichs-
ter Schriftsteller auch im
deutschsprachigen Raum
einen Namen gemacht.

Pelusín del Monte

Schon seit 1956 lässt Cubas
berühmteste Puppe Kinderau-
gen leuchten. Auch verschaffte
der einfallsreiche Bauernjunge
der Kultur des Puppentheaters
großen Auftrieb.

Tomás Gutiérrez Alea

Mit »Erdbeer und Schokolade«
stieß die Regielegende (1928–
1996) das cubanische Kino ins
internationale Rampenlicht.
Seine Sozialkritik sparte auch
die Revolution nicht aus.

Luis Silva

Als ›Pánfilo‹ stellt sich der
beliebteste Comedian der
Insel in seiner TV-Sitcom den
Absurditäten des Alltags und
witzelte sogar schon zusammen mit Barack Obama.